Turismo contemporâneo

Preencha a **ficha de cadastro** no final deste livro
e receba gratuitamente informações
sobre os lançamentos e as promoções da
Editora Campus/Elsevier.

Consulte também nosso catálogo
completo e últimos lançamentos em
www.elsevier.com.br

COLEÇÃO *Eduardo Sanovicz* DE TURISMO

Turismo Contemporâneo

Chris Cooper
C. Michael Hall
Luiz Gonzaga Godoi Trigo

Material do Professor na WEB
www.elsevier.com.br/professores

CAMPUS

Do original: Contemporary tourism an international approach.

© 2011, Elsevier Editora Ltda.

Todos os direitos reservados e protegidos pela Lei nº 9.610, de 19/02/1998.
Nenhuma parte deste livro, sem autorização prévia por escrito da editora, poderá ser reproduzida ou transmitida sejam quais forem os meios empregados: eletrônicos, mecânicos, fotográficos, gravação ou quaisquer outros.

Copidesque: Érika de Cássia Martins
Revisão: C&C Criações e Textos Ltda.
Editoração Eletrônica: C&C Criações e Textos Ltda.
Tradução: Quase a mesma coisa
            Ana Paula Spolon e Jorge Camargo

Elsevier Editora Ltda.
Conhecimento sem Fronteiras
Rua Sete de Setembro, 111 – 16º andar
20050-006 – Centro – Rio de Janeiro – RJ – Brasil

Rua Quintana, 753 – 8º andar
04569-011 – Brooklin – São Paulo – SP

Serviço de Atendimento ao Cliente
0800-0265340
sac@elsevier.com.br

ISBN 978-85-352-4547-9

Nota: Muito zelo e técnica foram empregados na edição desta obra. No entanto, podem ocorrer erros de digitação, impressão ou dúvida conceitual. Em qualquer das hipóteses, solicitamos a comunicação ao nosso Serviço de Atendimento ao Cliente, para que possamos esclarecer ou encaminhar a questão.
Nem a editora nem o autor assumem qualquer responsabilidade por eventuais danos ou perdas a pessoas ou bens, originados do uso desta publicação.

CIP-Brasil. Catalogação-na-fonte
Sindicato Nacional dos Editores de Livros, RJ

CIP-BRASIL. CATALOGAÇÃO-NA-FONTE
SINDICATO NACIONAL DOS EDITORES DE LIVROS, RJ
C788t

Cooper, Chris, 1952-
    Turismo contemporâneo / Chris Cooper, Michael Hall, Luiz Gonzaga Godoi Trigo. - Rio de Janeiro : Elsevier, 2011.
        (Coleção Eduardo Sanovicz de Turismo)

    Tradução de: Contemporary Tourism
    Inclui bibliografia
    ISBN 978-85-352-4547-9

    1. Turismo. I. Hall, Michael. II. Trigo, Luiz Gonzaga Godoi. III. Título. IV. Série.
11-2997.   CDD: 338.4791
                            CDU: 338.48

Autores

CHRIS COOPER
Professor de Gestão de Turismo e Diretor da Faculdade de Turismo da University of Queensland (Austrália)

C. MICHAEL HALL:
Professor de *Marketing* no Departamento de Gestão da University of Canterbury (Nova Zelândia)

LUIZ GONZAGA GODOI TRIGO
Professor Titular da Escola de Artes, Ciências e Humanidades (EACH/USP)

Apresentação

Turismo: ampliar conhecimento para crescer com o Brasil

Atuar no setor do Turismo gera inúmeras oportunidades para as pessoas que estão procurando inserir-se no promissor cenário econômico brasileiro, marcado pela inclusão de milhões de novos consumidores no mercado.

Gerador de expressivos resultados para as comunidades, nas quais se torna parte do ambiente econômico, o turismo recupera a autoestima, contribui para a preservação do meio ambiente, estimula a produção cultural e incentiva centenas de atividades nos mais variados portes.

Trabalhar em Turismo, nos seus vários segmentos e atividades correlatas, pode parecer complicado, mas é uma sequência muito objetiva de atos – trata-se de equacionar corretamente a articulação entre quatro verbos – comer, dormir, comprar e visitar. Estes são os verbos que um passageiro conjuga ao chegar a seu destino, na medida em que se utiliza da oferta gastronômica (ele come fora de casa); da oferta hoteleira (ele dorme fora de casa); da oferta comercial (ele faz compras) e da oferta lúdico-cultural ou natural (ele vai visitar e conhecer o lugar). O que muda é a razão pela qual ele os conjuga: férias e lazer, negócios e eventos, visita a parentes, provar de um prato ou bebida especial, praticar esportes, além de dezenas de outras razões que podemos imaginar.

Como profissional de turismo, venho atuando há vários anos tanto no setor público como no setor privado, especialmente no mercado internacional. Neste sentido, há muito tempo me chama a atenção o crescimento da produção intelectual do turismo brasileiro. Vários colegas vêm escrevendo e refletindo sobre o desenvolvimento do turismo ao longo dos últimos anos, com muita competência. Nossa produção bibliográfica inclusive tem a qualidade de estar distribuída ao longo de praticamente todo o país, incorporando, portanto, contribuições intelectuais que espelham a diversidade e o pluralismo cultural sobre os quais o Brasil está se construindo.

No entanto, quando iniciei minhas atividades docentes na Universidade de São Paulo, em 2008, uma questão de outra qualidade começou me chamar a atenção: se por um lado é fato que o Brasil construiu uma imagem internacional completamente nova, que o país hoje se coloca como um dos agentes econômica e politicamente destacados no cenário mundial, e que este fato vem se refletindo no turismo brasileiro, por outro, nossa produção intelectual, assim como a reflexão acadêmica de nossos colegas, ainda não se encontrou com a produção estrangeira para um diálogo de qualidade.

Ou seja, encontros como é prática antiga e corrente em diversos setores da produção cultural brasileira – música, teatro ou arquitetura, por exemplo – nos quais a realização de trabalhos construídos em parceria entre autores estrangeiros e brasileiros vem produzindo resultados memoráveis e marcantes, ainda não se verificam no turismo. Apesar do crescimento gerado pela inserção do Brasil no mercado turístico internacional – em volume de passageiros, em volume de conexões aéreas internacionais, em volume expressivo de crescimento no ingresso de dólares na economia brasileira, nossa produção literária em turismo ainda não viveu uma experiência desta qualidade.

Esta é a ideia central desta coleção – partindo de textos instigantes e inovadores de autores estrangeiros, cujos temas são de interesse dos brasileiros, construir uma relação com autores nacionais de uma forma que lhes desse toda a liberdade para reconstituir os textos originais, adaptando-os à realidade latino-americana. A coragem da Editora Elsevier em oferecer seu portfólio a este projeto, confiando no resultado e na capacidade dos autores brasileiros em trazer textos estrangeiros para o ambiente cultural e técnico regional, adaptando relatos e conceitos, deve ser registrada e enaltecida.

Este diálogo tem início agora, também por acompanhar o ciclo de maturação do turismo enquanto atividade econômica no país, em relação ao cenário internacional. Se retornarmos no tempo, é possível traçar uma linha lógica de acontecimentos – a criação do Ministério do Turismo e o redirecionamento da Embratur para atuação internacional, a inserção do tema Eventos na agenda de promoção do país (2003), a criação dos Escritórios Brasileiros de Turismo (2004), o Plano Aquarela e a criação da Marca Brasil (2005) e finalmente a presença do Brasil no Top 10 do *Ranking* ICCA – International Congress & Convention Association em volume de realização de eventos internacionais (2006); e acompanhar a repercussão destes fatos na mídia internacional, que reage, em paralelo à implantação de cada uma das situações descritas, em grande parte pelo peso econômico que o país vai assumindo enquanto mercado consumidor, como resultado das políticas de inclusão social. O turismo beneficia-se deste cenário, pois a imagem do país vai se reconstituindo no imaginário tanto de consumidores como de *decision makers* ao redor do mundo, e o noticiário referindo-se ao Brasil de forma positiva começou a despontar já ao final da década passada.

Pois bem, um processo de crescimento pode ter como paralelo a adolescência: nosso corpo e nossa alma ficam um pouco contraditórios, a voz muda, os desejos são alternados entre antigos interesses infantis e os novos olhares para a futura vida adulta. Pois é exatamente neste ponto em que nos encontramos hoje, enquanto país, em relação a vários itens da agenda nacional relacionados a turismo. A cada nova etapa vencida ao longo dos últimos anos, surge um novo desafio a enfrentar – legislação, infraestrutura e capacitação, os mais comentados, são a parte visível deste adolescer do turismo brasileiro, rumo a um novo papel no cenário internacional.

Do ponto de vista da produção intelectual brasileira a criação do curso de Lazer e Turismo da Escola de Artes, Ciências e Humanidades (EACH) da Universidade de São Paulo, em 2005, representou a possibilidade de inserir no universo acadêmico uma nova geração de professores e formuladores, cuja formação, por abranger um conjunto amplo de áreas de conhecimento, e destacadamente por trazer a reflexão mais ampla sobre o lazer em suas diversas possibilidades. Ao completar seu sexto ano, tendo já graduado várias turmas e iniciado um ciclo gerador de titulação de seus professores na carreira acadêmica, o curso tem uma contribuição a fazer ao pensamento turístico brasileiro.

Daí o que representa esta coleção. A contribuição de um grupo de profissionais, todos relacionados à academia, ligados direta ou indiretamente ao curso de Lazer e Turismo da EACH/USP ou à produção teórica que dialoga com seus postulados, procurando dar corpo ao diálogo entre o turismo no Brasil e suas possibilidades, e a produção intelectual publicada ao redor do mundo, no que ela tem de contribuições a nos ofertar.

No país que conquistou o direito de realizar a Copa do Mundo e os Jogos Olímpicos, a tarefa à qual se propõe esta *coleção inovadora* é trazer aos leitores, sejam estes *profissionais* interessados em ingressar no setor ou já atuantes; sejam empreendedores ou trabalhadores; sejam *estudantes* de nível técnico, superior ou graduados na área, as seguintes contribuições:

- atualização: pois, reúne alguns dos melhores e mais consagrados autores estrangeiros, traduzidos e adaptados por autores brasileiros especializados nos segmentos sobre os quais escreveram;
- inovação: pois a partir dos textos originais, acrescenta conceitos e experiências da literatura turística brasileira profundamente calcados na realidade nacional e na expertise e vivência profissionais e acadêmicas de cada um dos autores;
- apoio: pois tem a capacidade de orientar objetivamente aqueles que pretendem ingressar no setor ou rever as práticas que hoje adotam em sua ação cotidiana; e
- reflexão: pois é a primeira coleção produzida após as profundas alterações institucionais pelas quais passou o turismo brasileiro com a criação de um Ministério próprio em 2003. Esta coleção vai refletir os resultados obtidos com o novo patamar alcançado pelas atividades ligadas ao turismo, assim como sua inserção na agenda econômica do país.

Convido todos a desfrutarem da coleção completa. Professores e alunos, profissionais iniciantes e experientes vão encontrar na diversidade de temas que abordamos um processo de reflexão a altura dos desafios do Brasil contemporâneo. Vão encontrar em cada um dos livros, temas que nos desafiam cotidianamente. Nosso objetivo declarado aliás, ao eleger temas e autores, era exatamente o de ampliar o universo de leitores das publicações especializadas em turismo, por meio da abordagem de temas cujo equacionamento é vital para que o Brasil esteja a altura de seu novo patamar.

Esta é a tarefa à qual nos propusemos e agora submetemos a julgamento dos leitores.

Se por um lado é fato que esta nova década assiste a consolidação de um país melhor em termos de qualidade de vida sob todos os aspectos, por outro, esta situação nos cria novos desafios em termos de geração de infraestrutura e qualidade de produtos e serviços para atender este novo patamar de demandas internas e externas.

Nosso objetivo com os livros desta coleção é contribuir, por meio deste inédito dialogo entre as produções intelectuais internacional e brasileira no turismo, para que o país possa enfrentar, e novamente superar, mais este novo desafio.

São Paulo, julho de 2011
Eduardo Sanovicz

Sumário

PARTE 1 – SISTEMAS CONTEMPORÂNEOS DE TURISMO

CAPÍTULO 1 – Sistemas contemporâneos de turismo 3
Objetivos do capítulo 3
Introdução 3
O turismo como serviço 4
O sistema de turismo 5
Quem são os turistas? 10
Perspectivas contemporâneas 15
Abordagem deste livro 16
Visão geral do capítulo 17
Questões para revisão 18

CAPÍTULO 2 – Mercados contemporâneos de produtos turísticos 19
Objetivos do capítulo 19
Introdução 19
Produtos turísticos 20
Experiências com produtos turísticos 22
Mercados turísticos 24
Mercados de produtos turísticos 26
Criando mercados de produtos: histórias de mercado 28
Interações e mudanças nos mercados de produtos 29
Visão geral do capítulo 30

PARTE 2 – O TURISTA CONTEMPORÂNEO

CAPÍTULO 3 – Turistas contemporâneos, comportamentos e fluxos turísticos 33
Objetivos do capítulo 33

Introdução 34
Movimento de viagens internacionais 34
A estabilidade do turismo: inércia turística 36
Distância como determinante dos fluxos
e padrões do turismo contemporâneo 37
Turismo descritivo 39
    Turismo de massa e alternativo 39
    Turismo de interesse especial 42
Abordagens em microescala 43
Considerações de turismo em nível médio 44
Revisão do capítulo 45

CAPÍTULO 4 – *Marketing* de turismo contemporâneo   **47**

Objetivos do capítulo 47
Introdução 48
Definições e abordagens do *marketing* do turismo contemporâneo 48
Evolução rumo a uma abordagem de *marketing* de serviços 50
    Evolução por orientação da produção 50
    Evolução por meio do pensamento de *marketing* 51
O ambiente do *marketing* contemporâneo para o turismo 52
    Consumidores exigentes e poderosos 53
    Mercados globalizantes 53
    A economia do conhecimento conectado 54
    Organizações adaptáveis 55
A prática do *marketing* de turismo contemporâneo 55
    Informação de mercado de turismo conduzida por pesquisa 56
    Marketing de relacionamento 59
    O uso da tecnologia 59
    Desenvolvimento de novo produto turístico 62
    Responsabilidade social corporativa e *marketing* ético 63
Revisão do capítulo 64

PARTE 3 – O DESTINO DO TURISMO CONTEMPORÂNEO

CAPÍTULO 5 – Entregando o produto
do turismo contemporâneo: o destino   **69**

Objetivos do capítulo 69
Introdução: o conceito de destino 69
De lugares a destinos 70
    Lugar como local 70
    Lugar como localidade 70

Sentido de lugar 73
O recurso básico do turismo 73
Visão geral do capítulo: destinos em desenvolvimento 76

CAPÍTULO 6 – Administrando o produto turismo contemporâneo 77
Objetivos do capítulo 77
Introdução 77
Do governo à governança 78
Governança em vários níveis 80
Os papéis do governo no turismo 84
    Coordenação 84
    Planejamento 84
    Regulamentação 84
    Empreendedorismo 85
    Incentivo 85
    Promoção 86
    Turismo social 86
    Interesse público 86
Tipos de regulamentação 87
    Política regulatória 87
    Política autorregulatória 87
    Políticas distributivas 88
    Políticas redistributivas 88

CAPÍTULO 7 – Consequências da visitação no destino turístico contemporâneo 89
Objetivos do capítulo 89
Introdução 89
Consequências positivas e negativas do turismo 90

CAPÍTULO 8 – Planejamento e administração do destino de viagem contemporâneo 97
Objetivos do capítulo 97
Introdução 97
O desenvolvimento do planejamento
de destinos de viagem contemporâneos 98
    Quais são as raízes históricas do planejamento em turismo? 99
    Qual a justificativa para o planejamento? 99
    Quais são "as regras do jogo", para que se planeje seguindo a ética e os valores morais? 100
    Como tornar o planejamento eficiente em uma economia mista? 100

O que os planejadores fazem?	101
Mudanças nas abordagens ao planejamento turístico	102
Mudanças na forma de ver o ambiente no meio turístico	102
Cinco tradições do planejamento turístico	104
Ufanismo	104
Abordagem econômica	106
Tradição físico-espacial	107
Planejamento turístico comunitário	107
Turismo sustentável	108

CAPÍTULO 9 – *Marketing* e atribuição de marca ao destino turístico contemporâneo — 111

Objetivos do capítulo	111
Introdução	111
Marketing e atribuição de marca ao destino turístico contemporâneo	112
Imagem do destino turístico	114
Componentes da imagem de um destino turístico	115
O papel da imagem no *Marketing* de Destinos Turísticos	116

PARTE 4 – O SETOR CONTEMPORÂNEO DO TURISMO

CAPÍTULO 10 – O alcance do setor de turismo contemporâneo — 123

Objetivos do capítulo	123
Introdução	123
O tamanho e o alcance da indústria de turismo contemporâneo	124
Definições do setor de turismo contemporâneo	125
Empregos no turismo	127

CAPÍTULO 11 – O setor do turismo: questões contemporâneas — 129

Objetivos do capítulo	129
Introdução	129
Negócios de turismo	130
A indústria globalizante de turismo contemporâneo	131
Motivadores contemporâneos da globalização	131
Gestão de conhecimento no turismo contemporâneo	133
A economia baseada no conhecimento	134
Negócios de turismo interligados	134
Pequenas empresas e empreendedorismo no turismo contemporâneo	135
Pequenas empresas turísticas	135

Empreendedores 137
RH no turismo contemporâneo 138
Empregos no turismo e condições de trabalho 139
Administrando o RH no turismo contemporâneo 140
Gestão de RH no turismo contemporâneo 141

Referências **143**

Parte 1

Sistemas contemporâneos de turismo

CAPÍTULO 1
Sistemas contemporâneos de turismo

OBJETIVOS DO CAPÍTULO

Ao terminar de ler este capítulo, você deverá ser capaz de:
- entender as características fundamentais dos serviços turísticos;
- entender que a experiência turística não existe independente da interação entre os consumidores e produtores do turismo;
- reconhecer os diferentes estágios do sistema turístico e suas implicações para a experiência turística;
- reconhecer a importância da escala de análise nos estudos turísticos;
- identificar alguns dos maiores obstáculos nas viagens de turismo;
- entender os conceitos de turismo, turista e mobilidade.

INTRODUÇÃO

O turismo contemporâneo é um dos fenômenos mais significativos do mundo de hoje e, ao mesmo tempo, um dos menos compreendidos. É algo que é objeto de preocupação de muitas pessoas e reconhecido como um importante mecanismo para o desenvolvimento econômico em quase todo o mundo. A extensão das atividades turísticas em termos globais e o número absoluto de pessoas que viajam explicam por que o turismo é descrito como um dos grandes propulsores da economia mundial. Além disso, o turismo é um agente cultural e de mudanças e um substancial colaborador para as mudanças ambientais, em nível global. E, a despeito da popular associação do turismo com o lazer, o entretenimento e a diversão, seu campo de estudos é efetivamente bastante sério e mais amplo.

Este capítulo examina alguns conceitos-chave a partir dos quais o turismo contemporâneo é analisado e descrito. Esses conceitos estão na base do campo de estudos do turismo e estabelecem o domínio da pesquisa na área. Pelo fato de o turismo ser essencialmente um conjunto de experiências, ou seja, pelo fato de as pessoas estarem sempre conscientemente procurando adquirir experiências particulares que são primordialmente efêmeras e intangíveis, ele é considerado um setor de serviços. A dimensão do serviço turístico é um tema que perpassa todo o livro. Depois disso, o capítulo dá destaque ao conceito do sistema do turismo e suas implicações em relação ao entendimento de como se dá o consumo e a produção do turismo e, ao final, trata das definições de turismo, turista e mobilidade, incluindo algumas questões específicas sobre este último ponto.

O TURISMO COMO SERVIÇO

A característica essencial dos serviços é não poderem ser produzidos sem que haja concordância e cooperação do consumidor e o fato de que o que é efetivamente produzido apenas existe no momento mesmo da produção e do consumo (HILL, 1999). Uma das principais características do turismo é o fato de o consumo da experiência acontecer fora do ambiente regular de residência do consumidor. Embora o turismo seja do setor de serviços, isso não significa que entregue somente o intangível, mas a área envolve também produtos tangíveis como gastronomia, o conforto objetivo das instalações hoteleiras, dos meios de transporte, a arquitetura dos espaços utilizáveis etc. O turismo é formado por um complexo conjunto de infraestrutura e de recursos físicos que tem um impacto significante sobre os lugares onde estão situados. No entanto, o que é comprado pelo turista é a experiência proporcionada por essa infraestrutura e conjunto de recursos e não a infraestrutura em si. Pelo fato de o turismo ser um produto baseado na experiência, faz-se necessário, para compreender o fenômeno turístico, entender como se dá sua produção e seu consumo. Isso pode parecer uma bobagem, mas as implicações de não ter esse entendimento são enormes: o turismo não pode ser compreendido olhando-se apenas para um aspecto isolado, o consumo não pode acontecer desconectado da produção, nem o contrário. A inseparabilidade entre produção e consumo é, por consequência, uma das marcas registradas do turismo, podendo o valor da experiência turística e do produto turístico serem determinados tanto pelo consumidor quanto pelo produtor desta experiência (**Figura 1.1**). A inseparabilidade entre consumo e produção indica também que os fatores que determinam a produção e o consumo são constantemente influenciados uns pelos outros, além de influenciar o desenvolvimento dos produtos turísticos e seu nível de atratividade junto aos consumidores.

Figura 1.1 — Identificando a experiência turística e o produto turístico

Na tentativa de compreender o turismo contemporâneo, é preciso entender as inter-relações entre os consumidores e os produtores e as várias experiências por eles criadas. Outro aspecto que diferencia o turismo de outros tipos de serviço – e produtos baseados na experiência – é o fato de ele relacionar-se a experiências de pessoas que voluntariamente estão em viagem, fora de seu lugar de residência permanente. Isso significa que o foco primário do turismo são os lugares ou destinos para os quais as pessoas viajam a fim de satisfazer suas motivações para viver experiências particulares. A natureza móvel do turismo dá uma outra dimensão importante à compreensão do fenômeno, porque o serviço e a experiência do turista não existem independentemente da relação direta que se estabelece entre consumidores e produtores, não podem ser estocados e nem transferidos para uma outra pessoa. Para entender a experiência do turista, é preciso compreender as mudanças pelas quais o turismo passa no decorrer do tempo, a fim de perceber como os diferentes elementos relacionados ao consumo e à produção interagem para gerar diferentes experiências e resultados para o consumidor e para o produtor. Espaço e tempo são os eixos nos quais o turismo acontece e se desenvolve.

O SISTEMA DE TURISMO

Para compreender a natureza complexa e dinâmica da experiência turística contemporânea, muitos pesquisadores do turismo fazem uso do conceito de sistema de turismo. Um sistema é uma mistura ou uma combinação inter-relacionada de coisas ou elementos que formam um todo (Hall, 2000). Em seu modelo mais elementar, o sistema de turismo pode ser compreendido como o conjunto de consumo, produção e as experiências geradas. A fim de melhor compreender o turismo, interessamo-nos também por identificar os elementos e fatores que contribuem para o consumo e a produção do turismo.

Considerando que o movimento é essencial para o turismo, uma das formas de compreender esse sistema é a partir da análise dos caminhos de viagem seguidos por consumidores individuais. Esta abordagem é em geral chamada de sistema geográfico do turismo e é dada por quatro elementos básicos, a saber:

1. uma *região geradora* ou *emissora* – que é a residência permanente do turista e o lugar onde a jornada começa e acaba;
2. uma *rota de deslocamento* – que é o caminho através da região pela qual o turista deve viajar para chegar ao seu destino;
3. uma *região de destino* – a região que o turista escolhe visitar e que constitui um elemento central para o turismo;
4. o *ambiente* – o que está em volta dos outros três elementos.

O modelo do sistema geográfico de turismo é útil para identificar o fluxo de turistas de uma localidade para outra e a importância da conectividade entre a região emissora e o destino (**Figura 1.2**).

Figura 1.2 O sistema geográfico de turismo

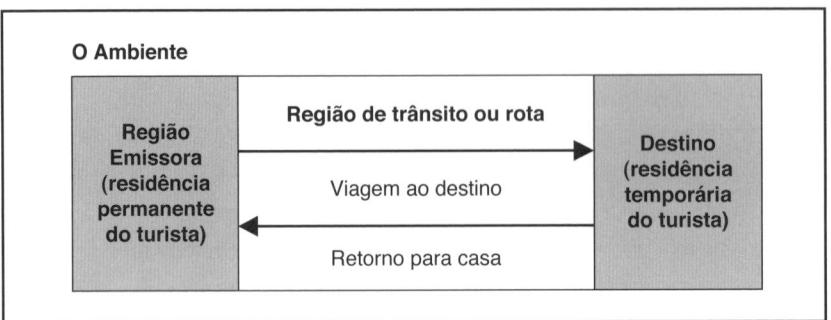

Evidentemente pode haver mais de um destino na viagem e, neste caso, para alguns turistas, haverá um sistema geral de regiões de destino e de rotas de deslocamento. No entanto, a forma básica do sistema geográfico de turismo é suficiente para ilustrar uma variedade de importantes dimensões do turismo.

1. Quando o destino é o ponto focal da atividade turística, o turismo surtirá efeitos sobre todos os elementos do sistema. Por exemplo, uma vez que os destinos podem ser claramente afetados por taxações de natureza econômica ou ambiental, é preciso que os impactos resultantes de uma viagem de turismo sejam pensados de forma a incluir não apenas o que acontece no destino, mas também os impactos causados pela chegada e pela partida do turista.

2. As destinações são acessíveis para as regiões turísticas emissoras. Tal assertiva pode parecer óbvia, mas suas implicações são profundas. Diferentes destinos apresentam variados níveis de acessibilidade em relação às regiões emissoras. Isso significa que alguns destinos terão vantagens naturais sobre outros, no que diz respeito à acessibilidade e ao potencial de mercado a ser explorado em termos de área geográfica. Este é um fator que deve ser levado em consideração na competição entre diferentes destinos.

3. Em relação à viagem ao destino, diferentes elementos do sistema terão variados componentes produtivos, mesmo que sejam utilizados pelo mesmo consumidor. Os diferentes elementos que viabilizam a produção do turismo estão identificados na **Tabela 1.1**. Ao analisar os dados desta tabela, é importante notar que não significa que os elementos identificados existam somente em regiões específicas, mas sim a relativa importância de vários aspectos do turismo desde a perspectiva do consumidor, quando este passa de um estágio da viagem para outro, ou mesmo de uma parte do sistema de turismo para outra.

Tabela 1.1 — Principais elementos da produção do turismo em diferentes componentes do sistema geográfico de turismo

Região emissora	Região de trânsito	Destino
Canais de promoção e distribuição do destino na região emissora	Ligações de transporte entre a região emissora e o destino	Facilidades e atrações
◀ Agentes de viagem	◀ Serviços de aviação	◀ Acomodação
◀ Operadores	◀ Serviços de ônibus e trens	◀ Reuniões e exposições
◀ Comércio e distribuição eletrônica	◀ Serviços de navios e barcas	◀ Parques temáticos
◀ Infraestrutura de transporte	◀ Frota privada e de aluguel	◀ Cassinos
	◀ Facilidades no local de trânsito – restaurantes, acomodações, banheiros – que os turistas tenham de usar antes do destino final	◀ Comércio
		◀ Centros de visitantes
		◀ Parques públicos
		◀ Restaurantes
		◀ Atividades
		◀ Amenidades
		◀ Infraestrutura de transporte
		◀ Transporte local

Pelo fato de as experiências turísticas contemporâneas acontecerem simultaneamente para o consumidor e para o produtor, uma outra dimensão interessante do sistema geográfico de turismo é que em cada estágio do sistema o consumidor pode, por conta disso, deparar-se com diferentes elementos do turismo. Isso significa, por consequência, que a experiência turística será diferente não apenas em função de diferentes regiões, mas também dentro de uma mesma região onde possam ser encontrados variados padrões de serviço e ambientes, lugares e pessoas. É importante notar que cada nova experiência turística acrescentará às experiências anteriores um conjunto de novas experiências que, por sua vez, vão gerar um novo contexto de aprendizados e expectativas. É por isso que o viajante, quando viaja pelo sistema de turismo, absorve novas informações que influenciam a natureza da experiência e o processo de tomada de decisão relativo à viagem que está sendo empreendida, assim como outras viagens que venha a fazer. A viagem turística que tem como base o sistema geográfico de turismo pode ainda ser vista como um conjunto de cinco estágios ligados a diferentes elementos psicológicos relacionados ao consumo do turismo (**Tabela 1.2**):

1. decisão de viajar;
2. viagem até o destino;
3. atividades no destino;
4. viagem de volta;
5. lembranças relacionadas à viagem e ao destino, depois do retorno ao local de residência permanente.

Tabela 1.2 — Elementos-chave da psicologia de consumo em cada um dos componentes do sistema geográfico de turismo

Região emissora	Região de trânsito	Destino
1 Processo de decisão e antecipação da viagem	2 Viagem até o destino	
5 Lembrança da viagem e das experiências no destino e influências sobre a decisão em relação a viagens futuras	4 Viagem de volta do destino	3 Experiências no destino

Os diferentes estágios da experiência da viagem criam um contexto de grande importância para o estudo do comportamento e das motivações dos consumidores de turismo. Isso acontece pelo fato de que os diferentes estágios da viagem em que o consumidor está podem orientar diferentes reações sobre a qualidade e natureza da experiência turística. Essa situação mostra a importância da compreensão das viagens anteriores realizadas por um consumidor no momento de explicar ou adivinhar preferências, decisões e atividades futuras. Um conceito importante a considerar é a lembrança de que os consumidores orientam suas viagem, como turistas, da mesma forma que orientamos as nossas carreiras pessoais em termos de trabalho e educação. As nossas primeiras experiências profissionais e as coisas que aprendemos em cada posição profissional que ocupamos influenciam as nossas escolhas futuras no que diz respeito ao trabalho. Da mesma forma, nossas primeiras experiências de viagem, combinadas com as novas formas de informação de que dispomos, acabam por determinar nossas escolhas de viagem. De fato, em algumas situações, como feriados do trabalho, as nossas viagens podem estar relacionadas às nossas carreiras profissionais, especialmente no caso de experiências internacionais que são um diferencial e um mercado de trabalho cada vez mais globalizado. O conceito de que, no curso de uma vida, as experiências turísticas passadas influenciam as futuras, é um elemento importante no processo de entendimento do comportamento do consumidor de turismo.

Se a natureza da experiência turística varia nos diferentes estágios do sistema de turismo, qual é o significado disso para a nossa compreensão do produto turístico? Este produto existe? A resposta é sim, mas a complexidade da experiência turística, constantemente recriada, indica que é extremamente difícil, para os produtores, controlar totalmente as experiências do consumidor e garantir que ele tenha as suas expectativas completamente atendidas, inclusive em relação à percepção de valor. Um produto turístico é um conjunto particular de experiências turísticas mercantilizadas. No entanto, é importante reconhecer que há mais do que uma forma de produto turístico e essas diferentes formas são consumidas simultaneamente, como veremos no capítulo 4. As diferentes formas de produto incluem:

- *o produto viagem*: é a viagem em si, que o consumidor experimenta, incluindo todas as empresas, organizações e serviços que lhe são prestados, desde a decisão inicial de compra até o momento de retorno para casa. Em alguns casos, esses produtos resultam de pacotes organizados por agentes de viagem. Uma forma de reduzir a incerteza para os consumidores e produtores no que diz respeito à qualidade deste produto, é compor alguns pacotes com tudo incluído (*all inclusive*), com vários itens. Entretanto, quando os consumidores montam os seus próprios itinerários, eles têm a sensação de criar o seu produto e não a de utilizar o que lhes é entregue pelo agente de viagem. Esses produtos e os consequentes ajustes no sistema de turismo são mais individualizados do que os oferecidos por agentes e, portanto, mais suscetíveis a imprevistos e surpresas;

- *o produto destino*: é a soma de todas as experiências que o turista tem no destino, como resultado dos encontros com empresas, pessoas, comunidades e o ambiente do destino. É, em geral, melhor identificado por meio das campanhas promocionais conduzidas por empresas de *marketing* de destinos, que buscam transformar em mercadoria o que identificam como experiências-chaves que um destino pode oferecer ao consumidor. Uma característica deste produto, que o distingue de outros produtos de outras indústrias, é que as empresas encarregadas da sua promoção não o tem como uma propriedade. Guardadas as proporções, isso também acontece com as ofertas de algumas empresas turísticas, como as que vendem passeios panorâmicos (*sightseeing*), mesmo assim, essas situações acontecem mais em nível de destino. Falaremos mais detalhadamente sobre o produto destino no capítulo 9;

- *o produto turismo como negócio*: é o conjunto de experiências oferecidas por uma empresa ou por uma agência em cada um dos diferentes estágios da viagem. Em alguns casos, como nos pacotes com tudo incluído, em que a mesma empresa detém ou controla os elementos-chave do sistema de turismo em todos os estágios, o produto turismo como negócio pode, virtualmente, surgir como sinônimo do produto viagem. Entretanto, na maioria das vezes, o consumidor é realmente exposto a uma série de diferentes produtos como negócios. Para garantir a qualidade nos destinos, muitas empresas de turismo cooperam entre si para entregar ao visitante padrões mais consistentes de serviço e de experiências;

- *o produto serviço*: são experiências individuais de serviço vividas pelo consumidor de turismo durante sua viagem ao destino. Ele pode ser formal ou informal. É formal quando está relacionado à produção da experiência por um negócio de turismo. Cada negócio turístico é formado por uma série de produtos de serviço, cada um sendo um "momento da verdade", tanto para o consumidor quanto para o produtor.

É informal quando supõe a interação entre o consumidor e outras pessoas, comunidades e o ambiente do destino, para além do que é oferecido pelos negócios de turismo. Embora essas experiências não resultem de um negócio turístico formal, existem dentro do produto que é promovido pelas empresas de *marketing*. Falaremos sobre o *produto serviço* mais detalhadamente no capítulo 4.

O consumo de diferentes tipos de produtos turísticos cria uma variedade de experiências turísticas que caracteriza um destino, a viagem e as ofertas operacionais. A grande possibilidade de combinações de produtos ajuda a assegurar que os consumidores encontrem uma variedade de experiências para atender às suas expectativas e motivações. O desafio para o turismo é encontrar o conjunto adequado de combinações para os diferentes grupos de consumidores.

Outra implicação de entendermos o sistema de turismo é que ele muda constantemente. As mudanças num único elemento, seja no processo de produção ou no de consumo do turismo, afetam outros elementos do sistema. Alterações no transporte, por exemplo, afetam a condição de conectividade relativa entre o destino e as áreas emissoras. Mudanças no destino, tais como novas exigências para emissão de vistos, podem afetar a sua atratividade relativa em relação a outros destinos potenciais.

Da mesma forma, alterações na percepção, pelos viajantes, do nível de segurança relativa dos destinos afetarão esses fluxos turísticos. Mudanças na região emissora, como a introdução de uma nova política de câmbio, podem incentivar o fluxo de turistas para destinos mais favoráveis às conversões cambiais. Situações como essas reforçam a observação de Mill e Morrisson (1985: xix) de que o sistema turístico "é como se fosse uma teia de aranha: efeitos em uma pequena parte causam reverberações sentidas em toda a teia".

QUEM SÃO OS TURISTAS?

Considerando o grande potencial para mudanças no sistema de turismo, é importante que tenhamos condições de referenciar os padrões de consumo dos turistas. Para fazer isso, é preciso estabelecer uma terminologia que seja clara. O conceito "turista" refere-se aos consumidores envolvidos em uma situação de *mobilidade temporária* e *voluntária* em relação ao seu ambiente de moradia. Os conceitos-chave são "voluntária", "temporária" e "mobilidade". Se um indivíduo está temporariamente longe de seu ambiente de moradia, mas de forma involuntária, por exemplo, em situações de guerra, desastres naturais ou outras crises, normalmente ele seria chamado de "refugiado" ou, se foi forçado a exercer um trabalho fora da fronteira de seu país, vítima de escravidão de qualquer natureza, pode ser chamado de outra coisa, mas não será um turista. Se alguém se muda permanentemente de um lugar para outro, é considerado migrante.

O conceito de mobilidade no contexto dos estudos turísticos diz respeito à capacidade dos indivíduos de se deslocarem de um lugar para outro. Para isso as pessoas precisam ser capazes de lidar com vários fatores que atuam como se fossem obstáculos para a mobilidade relacionada ao turismo. Alguns desses obstáculos são:

- *receita*: as pessoas precisam dispor de receita suficiente para se envolverem no turismo, uma vez que precisam primeiro satisfazer outras necessidades básicas como alimentação, moradia, vestuário saúde etc;
- *tempo*: é preciso que haja tempo disponível para a viagem. A quantidade de tempo disponível é o fator que mais fortemente determinará a distância pela qual as pessoas podem viajar, influenciando a escolha do destino;
- *direitos políticos*: para poder viajar, particularmente para destinos internacionais, as pessoas precisam ter garantido seu direito político de deslocamento. Esse direito é dado pelos Estados-nação, tanto das regiões emissoras quanto do destino e são regidos por legislação internacional, por meio do sistema de passaportes, vistos e regras específicas de viagem, que incluem restrições e limites (de tempo, atividades a serem desenvolvidas no lugar etc.);
- *saúde*: a saúde comprometida ou fragilizada, ou uma incapacidade física ou psicológica de qualquer nível, podem restringir as opções de viagem;
- *informação e educação*: viajantes potenciais precisam ter informações a fim de que possam ter acesso ao sistema turístico e chegar aos destinos;
- *segurança e seguridade*: preocupações com o nível percebido de segurança e seguridade podem afetar a escolha de destinos e de meios de transporte, além de poder influenciar a decisão sobre viajar ou não. Fatores de segurança incluem percepção de ameaça de crimes, terrorismo, instabilidade política e riscos à saúde do viajante (epidemias, contaminação etc.);
- *família*: a necessidade de cuidados com os membros da família como crianças, adolescentes, idosos, pode influenciar o processo de decisão da viagem, em especial no que diz respeito à necessidade de cuidadores;
- *feriados oficiais*: a existência de feriados oficiais pode alterar os padrões de viagem. No Brasil, feriados como Carnaval e Semana Santa são importantes em termos do número de pessoas que viajam para longe de suas residências. No entanto, há variações substanciais na data, em vários países, quanto às restrições legais para viajar nos feriados oficiais;
- *trabalho*: mesmo se houver a determinação legal para que o funcionário se afaste do trabalho em alguns períodos de feriado, os trabalhadores ainda precisam da certeza de que podem se afastar. Richards (1999) descreve que dois terços das pessoas entrevistadas em uma pesquisa conduzida por ele disseram que a prática de redução das horas de trabalho para exercício do lazer e do turismo é algo visto como um fator negativo ou muito negativo em suas carreiras. No Japão há inclusive um termo, *karashi*, que se refere à morte por excesso de trabalho (Hall e Brown, 2006). Felizmente há movimentos que valorizam a necessidade e o direito das pessoas descansarem para recuperar suas energias em férias, finais de semana e feriados;

- *localização*: a localização relativa da residência das pessoas em relação ao transporte (portos, aeroportos, ferrovias) pode ser um fator limitador em seu comportamento de viagem;
- *gênero*: o gênero do viajante pode ser um fator restritivo da viagem, por conta do medo em relação à segurança pessoal ou por questões culturais, como uma viagem ser ou não considerada apropriada para pessoas de um determinado gênero, como mulheres viajando sozinhas em países considerados machistas ou autoritários ou gays viajando em regiões homofóbicas;
- *cultura*: a situação dos indivíduos pertencentes a diferentes culturas gera variações em relação às atitudes diante do turismo, em especial quando o movimento temporário de afastamento da residência está associado a comportamentos que não são essenciais ou incentivados. O desenvolvimento de uma cultura do consumo é, por conta disso, considerado um dos fatores mais importantes para influenciar o aumento do turismo.

Levando em consideração a quantidade de obstáculos existentes, não é surpresa que a maior parte da população mundial não realize viagens internacionais ou de longa distância em seus períodos de folga, períodos tipicamente associados a turismo, especialmente nos países mais desenvolvidos. Mesmo nesses países, uma parcela significativa da população não viaja para longe, nas férias ou feriados. No Reino Unido, estima-se que cerca de 20% a 30% da população não realiza esse tipo de viagem (Hall e Brown, 2006). No caso do Brasil, o aumento do poder aquisitivo das classes médias ao longo da primeira década do século XXI proporcionou um crescimento do turismo interno, inclusive no deslocamento aéreo, de cruzeiros marítimos e de pacotes organizados com períodos de três dias a uma semana.

O poder aquisitivo influencia o período do deslocamento e o meio de transporte usado na viagem. Grupos com receita menor costumam realizar mais viagens rodoviárias (de carro ou de ônibus) do que os grupos com poder aquisitivo para viagens aéreas. O percentual de viagens realizadas por transporte aéreo, bem como a distância média viajada (por trecho), também aumentam em função do aumento de receitas, embora não haja diferenças substanciais no que se refere à duração da viagem, como um todo.

A despeito do fato de que muitas pessoas não viajam, há muitas que, em contrapartida, o fazem. É a estas pessoas que chamamos turistas. No entanto, há grandes desafios a serem vencidos em relação à análise estatística do turismo. A começar pelas necessidade de definir "turista" e "turismo". As principais características, que precisam ser definidas em uma abordagem estatística ou "técnica" do turismo, incluem:

- *o motivo da viagem*, isto é, o tipo de viagem, como a realizada para visitar amigos ou parentes;
- *a dimensão de tempo* envolvida na visita de turismo, que determina os períodos mínimo e máximo gastos longe da residência permanente e o tempo gasto no destino;

◀ *situações nas quais os viajantes podem não ser considerados turistas,* ou seja, a natureza voluntária ou involuntária da viagem, como no caso dos deslocamentos militares, profissionais, diplomáticos ou de pessoas em trânsito de um lugar para outro.

Na conferência sobre estatística do turismo, realizada pela Organização Mundial do Turismo (OMT) em 1999, o turismo foi definido como compreendendo "as atividades das pessoas em viagem para fora de seu ambiente usual durante tempos diferentes dos especificados e cujo principal motivo seja diferente do exercício de uma atividade remunerada no lugar visitado". "Ambiente usual" é uma categoria que exclui deslocamentos nas áreas de residência habitual e também os deslocamentos regulares entre o domicílio e o local de trabalho e outros deslocamentos comunitários de caráter rotineiro; "tempos diferentes dos especificados" exclui migrações de longo prazo; e o "exercício de uma atividade remunerada no lugar visitado" exclui as migrações para trabalho temporário.

Com relação ao conceito de turista, a OMT (1991) recomenda que o turista internacional seja entendido como um "visitante que viaja para um país que não o de sua residência habitual, que permaneça no destino por pelo menos uma noite e não mais de um ano e cujo propósito da viagem não seja o exercício de uma atividade remunerada no local visitado"; e que um excursionista internacional (por exemplo, um visitante que esteja em um cruzeiro) ou visitante de um dia seja definido como "um visitante que viva em um determinado país e que viaje em um mesmo dia para outro país diferente do de sua residência habitual, onde permaneça por menos de 24 horas, sem pernoitar no destino e cujo propósito da visita seja outro que não o exercício de uma atividade remunerada no país visitado". No caso do turista doméstico, o tempo de afastamento em relação ao local de residência "não deve exceder seis meses" (OMT, 1991; United Nations, 1994).

Há outras definições de pesquisadores austríacos, espanhóis, suíços, ingleses, italianos, canadenses, norte-americanos, mexicanos, argentinos e asiáticos, mas seria impossível enumerar as centenas de conceitos produzidos nas últimas décadas.

No Brasil, alguns poucos autores trabalharam a definição de turismo, como Mário Beni. Para ele, "turismo é um elaborado e complexo processo de decisão sobre o que visitar, onde, como e a que preço. Nesse processo influem inúmeros fatores de realização pessoal e social de natureza motivacional, econômica, cultural, ecológica e científica que ditam a escolha dos destinos, a permanência, os meios de transporte e o alojamento, bem como o objetivo da viagem em si para a fruição tanto material como subjetiva dos conteúdos de sonhos, desejos, de imaginação projetiva, de enriquecimento histórico-humanístico, profissional e de expansão de negócios" (Beni, 2001, p. 37).

Outro pesquisador brasileiro que definiu turismo é Alexandre Panosso Netto: "Turismo é o fenômeno originado da saída e retorno do ser humano do seu lugar habitual de residência, por motivos diversos que podem ser revelados ou ocultos, que pressupõe hospitalidade, encontro e comunicação com outras pessoas, empresas que oferecem condições e tecnologia para a efetivação do ato de ir e vir, gerando experiências sensoriais e psicológicas e efeitos positivos e negativos no meio ambiente econômico, político, ecológico e sociocultural" (Panosso, 2009).

Embora os pontos discutidos acima sejam úteis para nos ajudar a pensar sobre o turismo e para quantificá-lo em termos estatísticos, há variações significativas entre os países no que diz respeito à conceituação da atividade turística e também quanto aos procedimentos de coleta de dados turísticos. No geral, as abordagens para definição dos conceitos de turista e turismo baseiam-se nas quatro diferentes características que definem e orientam a análise quantitativa da atividade (**Figura 1.3**):

1. *tempo*: como discutido anteriormente, o tempo que uma pessoa fica longe de seu lugar de residência permanente influencia seu perfil estatístico e geral. Por exemplo, se uma viagem não requer pernoite antes de seu retorno ao local de origem, a pessoa seria classificada como viajante de um dia ou excursionista. Se realizar uma viagem prolongada, de mais de doze meses, por exemplo, fora de sua jurisdição, a pessoa será considerada um migrante;

2. *espaço* (distância): até onde uma pessoa pode viajar antes de ser considerada turista? Em algumas jurisdições, define-se uma distância de viagem mínima antes de se classificar o viajante como turista. Esta abordagem pode diferenciar o turismo de lazer de outro comportamento de viagem, como os deslocamentos diários a trabalho ou lazer;

3. *cruzamento de fronteiras*: cruzar uma fronteira nacional pode permitir que uma pessoa seja classificada como turista ou não, dependendo de onde a pessoa é inserida, no sistema de turismo. As fronteiras (regionais, nacionais ou internacionais) também ajudam a definir as características do turismo doméstico ou regional;

4. *motivo da viagem*: como dito anteriormente, algumas motivações de viagem são consideradas mais adequadas para a definição de uma pessoa como turista. Por exemplo, as viagens militares e diplomáticas não são classificadas como sendo de turismo, embora muitos outros motivos de viagem, tais como saúde ou educação, possam ser assim classificados. A identificação de motivações de viagem e sua aplicação ao turismo são importantes para a administração dos fluxos internacionais de viagem a partir da provisão de diferentes exigências de visto nas diferentes jurisdições nacionais. A gama de motivações de viagem também é importante porque reflete o desenvolvimento de novas formas de produtos turísticos, tais como o turismo médico, turismo de saúde, turismo de esportes, turismo educacional, turismo de negócios, turismo de convenções e turismo para visitar amigos e parentes, bem como formas mais "tradicionais" de turismo de lazer. De fato, para muitos destinos o turismo de lazer pode ser uma motivação menor de viagem. Além disso, algumas viagens são caracterizadas por múltiplas motivações.

Figura 1.3 — Características do turismo em relação a tempo, distância, limites e descrição da motivação de viagem (adaptado de Hall, 2003)

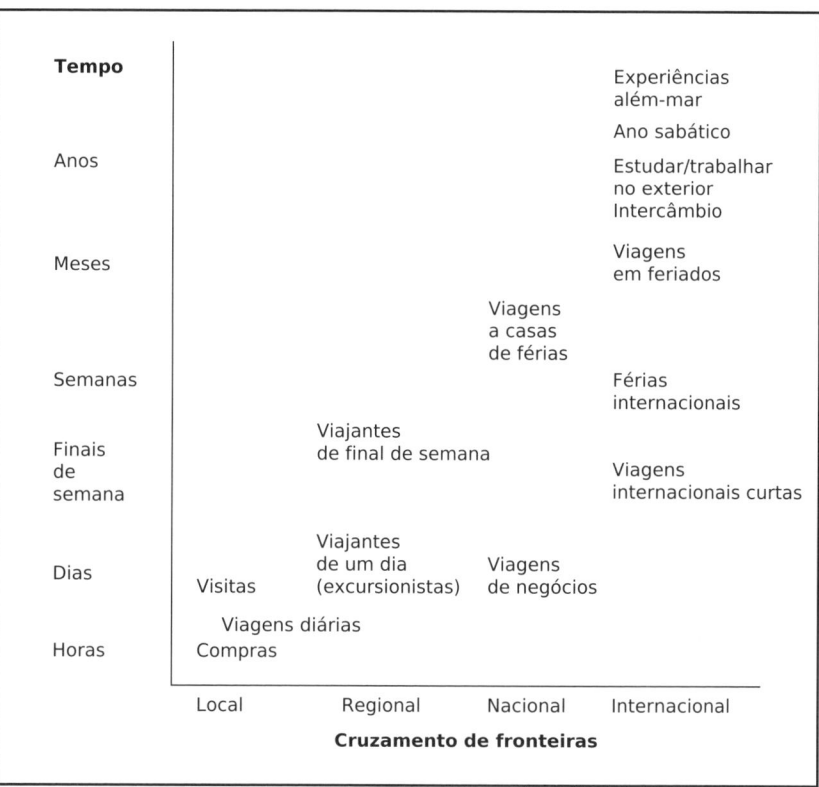

PERSPECTIVAS CONTEMPORÂNEAS

Embora os elementos identificados na **Figura 1.3** sejam importantes para definir o turismo e os turistas desde uma perspectiva técnica, eles também têm sido apontados como responsáveis por prover uma base sólida para repensarmos o turismo como uma forma de mobilidade temporária. Coles et al. (2004, 2005) argumentam que precisamos, a fim de compreender o movimento ou a mobilidade humana temporária e voluntária, desenvolver um quadro conceitual apropriado do turismo, tratando-o como um conceito teoricamente orientado, ou seja, um conceito capaz de incorporar todas as dimensões do fenômeno turístico. Este quadro precisa considerar as relações entre o turismo, o lazer e outras práticas sociais, bem como os comportamentos relacionados à mobilidade humana, por exemplo, a aposentadoria e a migração, movimentos de segunda residência, estadas curtas, viagens de um ano para estudo, intercâmbio ou voluntariado, e folgas do trabalho. Muitas dessas formas de mobilidade, que vão além da tradicional diferenciação entre turismo (movimento temporário) e migração (movimento permanente), apenas recentemente têm recebido maior atenção, embora sejam parte cada vez mais importante dos estudos de turismo.

Uma das razões pelas quais as velhas barreiras entre as diferentes formas de mobilidade humana, tais como o turismo e a migração, têm sido derrubadas é a de que o progresso em tecnologia dos transportes tornou mais fácil, para os que têm tempo e dinheiro suficientes, viajar por distâncias maiores e mais rapidamente do que em qualquer outra época. Viagens que outrora duravam dois ou três dias agora são feitas em horas. Além disso, as melhorias nas comunicações e na tecnologia de informações permitem às pessoas um maior e inédito acesso a destinos reais ou potenciais, como nunca tiveram antes. O mais importante é que, para muitas pessoas, isso significa que o turismo tornou-se parte do cotidiano e a viagem é algo com o que estão efetivamente envolvidas ou querem envolver-se (Hall, 2005). À medida que compreendemos que o consumo e a produção do turismo são inseparáveis, também testemunhamos uma explosão no número de lugares e de empresas que buscam novas formas de mobilidade e expansão no número de pessoas que se movimentam, bem como nos diferentes tipos de produtos turísticos que consomem.

ABORDAGEM DESTE LIVRO

A compreensão contemporânea do turismo requer a adoção de abordagens contemporâneas. Por conta disso, exploramos em detalhes outras áreas de assuntos e disciplinas para construir os capítulos e a compreensão sobre o turismo contemporâneo. Em particular, encorajamos os leitores a explorar a literatura sobre *marketing* e serviços e fazemos referências aos principais autores consultados. Como consequência dessa perspectiva mais ampla, este livro concentra-se em uma abordagem voltada para o gerenciamento, o *marketing* e o turismo de desenvolvimento, ideia que sobrepassa a concepção "popular" do turismo como viagem de férias, por mais que essa forma de atividade turística seja importante. Ao invés de adotar esta perspectiva reducionista, adotamos uma compreensão mais abrangente, que vê a viagem de férias voltada para o lazer como parte de um campo de mobilidade temporária voluntária (**Figura 1.4**) (Hall 2005, 2007). Os movimentos temporários de pessoas para consumo de produtos e experiências turísticas são o ponto central deste livro. De uma maneira bastante ousada, este livro adota uma abordagem orientada para o produto, que busca esclarecer como os produtos e as experiências dos turistas deveriam ser compreendidos a partir da perspectiva das empresas e das organizações de turismo, a fim de que a gestão seja mais eficiente e gere resultados satisfatórios para os consumidores, as empresas e os destinos.

Figura 1.4 Compreendendo a natureza do turismo contemporâneo

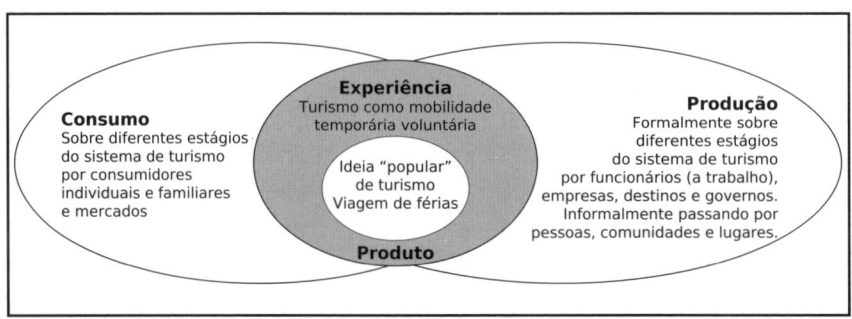

Este livro está dividido em quatro partes. A primeira descreve nossa abordagem de um sistema de turismo contemporâneo. O capítulo 2 analisa os produtos e mercados turísticos, demonstra como estes, contemporaneamente, estão intimamente ligados, e faz uso da teoria do *marketing* para ajudar na compreensão dos produtos turísticos e de sua evolução mercadológica. A segunda parte avalia o turista contemporâneo em relação aos comportamentos e fluxos turísticos (capítulo 3) e ao *marketing* de turismo, discutido no capítulo 4, que explora a teoria do *marketing* para compreendê-lo em relação ao turismo contemporâneo. A terceira parte analisa algumas dimensões fundamentais para a compreensão dos destinos turísticos. O capítulo 5 descreve as maneiras pelas quais os destinos são percebidos pelos consumidores e suas consequências, além de enfatizar que o destino é o resultado das partes que o compõem: atrações, recursos, pessoas e negócios individuais. A maioria dessas partes não está sob controle direto de alguém, em particular. O capítulo 6 discute o papel-chave do governo nos destinos turísticos e o papel emergente de estratégias de controle e de política turística. O capítulo 7 examina as consequências da visitação aos destinos, enquanto o capítulo 8 analisa algumas das respostas às implicações da visitação por meio dos mecanismos de planejamento e de gerenciamento que buscam o desenvolvimento sustentável. O capítulo 9 discute o *marketing* e a atribuição de marca relacionados aos destinos de viagem contemporâneos, identificando questões a serem enfrentadas pelos responsáveis locais. A quarta parte foca o turismo contemporâneo em vários níveis de análise e examina, primeiramente, como medimos e avaliamos o tamanho do setor, debatendo seus componentes (capítulo 10), identificando assuntos-chave (capítulo 11) como recursos humanos, tecnologia, globalização, rede de relacionamentos, gerenciamento de conhecimento e empreendedorismo.

VISÃO GERAL DO CAPÍTULO

Este capítulo tratou de algumas questões-chave conceituais, com as quais passamos a compreender o turismo contemporâneo. O capítulo primeiro identifica o turismo como uma forma do setor de serviços. Foi importante destacar várias características dos serviços e enfatizar a inseparabilidade entre experiências de consumo e de produção e, por conseguinte, do produto turístico. Uma afeta a outra e as informações são comuns a ambas. Algumas dessas implicações foram exploradas por meio do conceito do sistema turístico. A abordagem do sistema turístico é, em um primeiro momento, geográfica, porém, como vimos, logo passa a ter efeitos sobre como entendemos a psicologia do turismo e a mobilidade, sobre como compreendemos as diferentes dimensões do produto turístico e como elas são simultaneamente consumidas pelo turista. Compreendemos ainda como se dá a interação do consumo e da produção, diferentes em cada um dos estágios do sistema. De forma mais significativa, o capítulo enfatizou que uma abordagem contemporânea do turismo deve levar em conta todos os aspectos da mobilidade temporária voluntária a fim de identificar o potencial de produtos e de experiências que existem no turismo contemporâneo. Essa abordagem ajuda a entender o turismo contemporâneo e, por meio de conceitos, descobertas e estratégias apresentados neste livro, maximiza os benefícios para as empresas, os destinos e o turista.

QUESTÕES PARA REVISÃO

1. Quais são as características que diferenciam os *serviços* voltados para o turismo?
2. Por que é tão difícil falar de *consumo* do turismo independentemente de *produção* do turismo?
3. Quais são os cinco estágios de uma viagem, de acordo com o *sistema de turismo*? Discuta como os diferentes estágios de uma viagem podem gerar diferentes dimensões psicológicas de turismo.
4. Quais são os *obstáculos* que afetam o turismo? Discuta como esses obstáculos afetam o seu próprio processo de decisão e comportamento de viagem.
5. Ao buscar entender o turismo, deveríamos dar mais atenção à *imobilidade* das pessoas?
6. Destaque as quatro diferentes *características* que ajudam a definir e a aprimorar o estudo das atividades turísticas.
7. Por que os conceitos que dizem respeito à *mobilidade humana*, tais como o turismo e as migrações, tornaram-se mais conectados nos anos recentes?
8. Qual a importância do *tempo* e do *espaço* no entendimento do turismo?
9. Existem diferenças entre o entendimento *popular* ou público de turismo e o conhecimento dos pesquisadores e gestores?
10. Identifique um impacto ambiental particular do turismo e analise sua importância relativa para cada componente do sistema de turismo.

CAPÍTULO 2
Mercados contemporâneos de produtos turísticos

OBJETIVOS DO CAPÍTULO

Depois de ler este capítulo, você deverá ser capaz de:

- compreender as várias abordagens de produtos turísticos;
- apreciar o conceito de experiências como produtos turísticos;
- reconhecer as várias abordagens de mercado turístico;
- ter consciência da natureza mutável dos mercados turísticos e do "pós-turista";
- entender o significado da segmentação do mercado turístico;
- reconhecer a importância do mercado de produtos turísticos;
- reconhecer a importância das histórias do mercado na formação do mercado;
- compreender a natureza das mudanças e alterações nos mercados de produtos turísticos.

INTRODUÇÃO

Este capítulo introduz o conceito fundamental de mercado de produtos turísticos como a chave para o entendimento do *marketing* turístico contemporâneo. Tem início com uma discussão acerca dos produtos turísticos e reconhece que o consumidor de turismo é um coprodutor de bens, a partir de uma abordagem de *marketing* que permite a interação com o turista em um processo contínuo. Uma abordagem contemporânea significa reconhecer as experiências como produtos turísticos, relacionando-as ao mercado do "pós-turista" e entregando experiências turísticas envolventes e memoráveis que efetivamente "transformam" o visitante. A seguir, trata do mercado turístico e de como o comportamento do consumidor está mudando. É óbvio que para conquistar e entender esses novos mercados é preciso conduzir pesquisas profundas e adotar abordagens contemporâneas voltadas para a sua segmentação. A mensagem mais importante deste capítulo é a de que os produtos turísticos e os mercados estão ligados de maneira intrínseca. Com a introdução do conceito de mercado de produtos turísticos busca construir um quadro panorâmico, no turismo, da interação entre compradores e vendedores. Finalmente, trata da natureza das contínuas mudanças e interações no mercado de produtos turísticos e da resposta dada pelos profissionais de *marketing* para os desafios que lhes são atualmente apresentados.

PRODUTOS TURÍSTICOS

Os produtos turísticos são complexos e multifacetados, oferecendo utilidades e benefícios para o consumidor. A visão tradicional de produto turístico tem sido associada à economia e baseada nas relações de troca. No turismo, esta troca acontece em um destino e dentro de um contexto sociopolítico, cultural, ambiental, tecnológico e econômico muito particular. Há dois elementos a serem considerados nesta abordagem:

1. a natureza da troca social no momento em que a compra acontece;
2. a natureza funcional do produto turístico incluído na transação.

Mais recentemente, novas perspectivas têm sido consideradas, em especial as baseadas nos relacionamentos, na cocriação de valor e no reconhecimento dos produtos intangíveis. Essas novas perspectivas baseiam-se no conceito de *marketing* de serviços, não apenas nos bens físicos.

Elas permitem a consideração de todos os atores de mercado e reconhecem que terão uma relação mútua e contínua. Isso leva a uma abordagem mais realista do produto turístico à medida que integra bens e serviços e reconhece que os turistas consumirão a ambos, enquanto viajarem. Essa abordagem reconhece o consumidor turístico como um coprodutor de bens e comunica uma abordagem de *marketing* que permite interação com o cliente em um processo contínuo. Isso pode, então, ser levado um passo adiante, ao enxergar o produto turístico como um pacote de atributos tangíveis e intangíveis. O produto turístico também pode ser visto a partir de um único componente; por meio de um composto de componentes que estão empacotados ou embrulhados juntos; até o próprio produto de destino total. Gilbert (1990) amplia essas ideias argumentando que o produto turístico é, de fato, a experiência total. Ele define o produto turístico como:

> Um amálgama de diferentes bens e serviços oferecidos ao turista como uma experiência (Gilbert 1990: 20).

Claramente, há várias abordagens que podem ser dadas ao produto turístico. Por exemplo, a partir da noção de Gilbert do produto turístico como a experiência total, ele pode ser separado em estágios de férias, a partir da expectativa e do planejamento, até a reserva, a viagem e a avaliação. O mérito dessa abordagem é que ela leva em consideração a importância anterior e posterior dos estágios de aquisição do produto, que influenciam o comportamento futuro de compra. Uma segunda abordagem é a que vê o produto como sinônimo de destino, de tal modo que o produto turístico é um "amálgama" dos elementos do destino, incluindo atrações, serviços de apoio como acomodação e alimentos e bebidas e transporte (**Figura 2.1**). Há implicações significativas desse "amálgama" para o *marketing* turístico, particularmente no que diz respeito ao desafio do gerenciamento da qualidade por meio de vários elementos, cada um deles frequentemente oferecido por uma organização diferente. Essa abordagem talvez se espelhe em uma abordagem mais tradicional para compreender os produtos turísticos, a partir da literatura do *marketing* de produtos físicos (Kotler et al, 2004). Essa abordagem argumenta que produtos têm três dimensões-chave:

1. o produto principal comunica os benefícios e as características do produto e fornece uma razão para a compra. Um exemplo aqui seria a oferta de férias no nordeste brasileiro;

2. o produto facilitador deve estar presente para que os turistas usem os serviços. Para as férias, eles incluem, por exemplo, o transporte e a acomodação. O interessante é que esta parte do produto seja minimizada no modelo de negócio de transportadores de baixo custo. Eles substituem tíquetes de papel por *e-ticket* e reservas são feitas na internet para evitar interação com um vendedor que cobra um preço mais caro. O modelo de negócio de transporte de baixo custo comunica os elementos facilitadores do produto de uma maneira diferente, por exemplo, companhias aéreas ou hotéis econômicos que oferecem descontos especiais quando reservados diretamente pelo consumidor na internet;

3. o produto aumentado comunica extras acrescentados, que permitem que o produto seja mais competitivo. Para férias em Fortaleza, por exemplo, poderia incluir uma noite livre, *transfer* gratuito ou drinques de boas-vindas.

Figura 2.1 — O mercado turístico

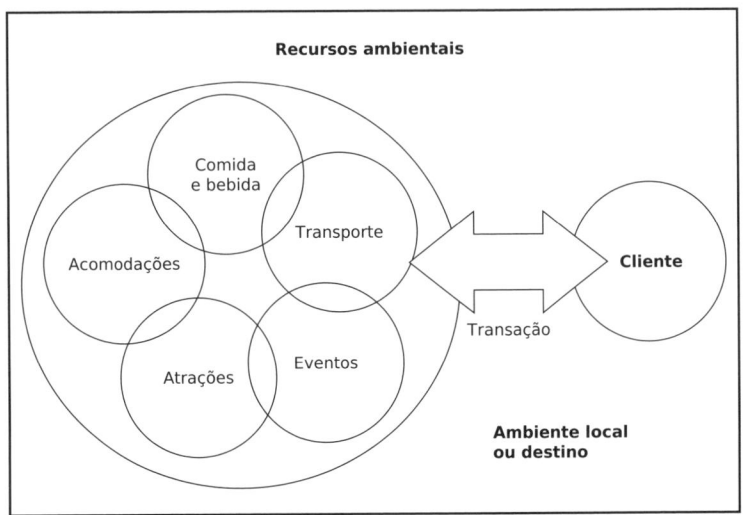

Fonte: Cooper et al., 2005

Finalmente, os produtos podem ser vistos como evolucionários, desde a etapa de desenvolvimento e formulação de novos produtos até a etapa de produção de vendas, ao longo de todo o ciclo de evolução. O desenvolvimento de novos produtos é a principal forma de inovação no turismo e é essencial para o crescimento do setor. Novos produtos são importantes para a diversificação, aumento de vendas e de lucros e vantagem competitiva. À medida que o produto se estabelece no mercado, ele pode se deslocar por vários estágios de seu ciclo de vida, uma abordagem adaptada por Butler (1980) para destinos no ciclo de vida da área turística. Por exemplo, o antigo complexo de lazer e compras, implementado em uma antiga estação ferroviária de Curitiba, evoluiu ao longo dos anos e hoje é um importante centro de convenções, acoplado a um *shopping* com cinemas, bares, restaurantes e lojas.

EXPERIÊNCIAS COM PRODUTOS TURÍSTICOS

Um exemplo do desenvolvimento de um novo produto no turismo, conceito principal deste livro, é a ideia do produto ser encarado como uma experiência. Isso é diferente da ideia de Gilbert (1990), do produto turístico como a experiência de férias total. Antes, nesse caso, estamos olhando para produtos turísticos específicos já desenvolvidos e projetados como experiências.

À medida que os mercados turísticos amadurecem, eles buscam criar produtos turísticos baseados em uma pretensa autenticidade. Fornecedores e destinos respondem a esse desafio entregando produtos baseados na experiência. Pine e Gilmore (1999) denominam essa tendência de "economia da experiência", em que alterar valores mais antigos para outros, das gerações mais novas, significa que os consumidores buscam novos significados e a autoatualização em seus padrões de consumo turísticos, à medida que se movem da posse de materiais e de serviços para as experiências. Cada vez mais os produtos turísticos são formulados para atender a essa demanda, construindo experiências que atendam às expectativas do mercado, não apenas no turismo, mas também em todos os setores de serviço. Pine e Gilmore (1999) veem as experiências a partir de duas dimensões: (1) das passivas para as ativas e (2) da absorção para a imersão, considerando a importância de uma boa experiência para "transformar" o visitante. As experiências, portanto, são pessoais, especiais, evocando uma resposta emocional à medida que o turista estabelece um relacionamento multifacetado com os atores e o destino em que a experiência se dá.

Resumidamente, as vantagens da categoria "experiência" sobre bens e serviços, segundo Pine e Gilmore, seriam:

- bens são tangíveis e os serviços, intangíveis, mas as experiências são memoráveis;
- bens são relacionáveis e serviços são sob demanda e logo vivenciados, mas as experiências desdobram-se ao longo do tempo, estocadas na memória;
- bens são padronizáveis e serviços são personalizáveis, mas as experiências são pessoais;

- uma experiência teria quatro domínios: entretenimento, educação, fuga (escapismo) e estética.

No destino, os "fornecedores de experiência" organizam em sequência atividades cuidadosamente coreografadas, encontros pessoais e experiências autênticas, engendradas para produzir memórias duradouras, viagens encantadoras e um elevado grau de lealdade por parte do cliente. O'Sullivan e Spangler (1998: 5) classificam os fornecedores de experiência em três tipos:

1. *introdutores*: fabricantes que "introduzem" seus produtos nas experiências;
2. *aprimoradores*: fornecedores de serviço que usam experiências para elevar a satisfação ou diferenciar-se dos competidores;
3. *criadores*: fornecedores de serviço que criam experiência como o principal foco de seu serviço.

Para o destino, entregar e projetar a experiência envolve infraestrutura, conteúdo narrativo e um contexto, cada um dos elementos sendo destacado pela tecnologia. Efetivamente, projetar essas experiências exige que os destinos e os operadores migrem para estratégias de turismo orientadas pela experiência, nas quais o fio condutor comum seja a autenticidade, produzindo experiências que sejam percebidas como sendo reais, puras e enraizadas no destino. Aqui, a noção de "recursos endêmicos", tais como alimento e cultura, aprofundam a experiência e se ligam a estratégias de sustentabilidade no destino ao se basearem no seu principal apelo e acrescentarem valor a cada estágio da experiência. É a entrega e as dimensões da autenticidade que serão fundamentais para o amadurecimento da economia da experiência no nível do destino e que começarão a influenciar a decisão de compra. Por exemplo, as festas juninas do nordeste brasileiro, as festas populares em Salvador (Iemanjá, Santa Bárbara etc.), as comemorações do Rio Grande do Sul ou o festival de Parintins (AM), sem contar os diferentes carnavais brasileiros, são experiências autênticas, "puras", com raízes culturais identificadas e fortalecidas pela vivência das comunidades envolvidas nos eventos.

Toda viagem é uma experiência? Viagens em geral são, no sentido literal, experiências, porém muitas ficam aquém do sentido e significado de uma experiência mais profunda no sentido épico, filosófico, epistemológico ou, especialmente, existencial. Há experiências medíocres, ordinárias e banais. Há serviços que são prestados e recebidos com absoluta frigidez, de forma mecânica e sem nenhum impacto em nossas vidas.

Nem todo serviço ou viagem são experiências que mereçam ser repetidas ou que marcam significativamente nossas vidas. A experiência tem a ver com emoção e com o prazer, não com o sentimentalismo e a acomodação estéril.

Muitas experiências de viagem não são memoráveis, intensas ou promovem um entretenimento, educação, fuga ou estética que provoquem um *"uau!"* no turista ou espectador (Trigo, 2010).

Uma viagem especial exige pessoas e condições especiais. Isso não significa apenas poder econômico, mas fundamentalmente atitudes e posturas sociais, culturais, estéticas e políticas.

MERCADOS TURÍSTICOS

Os mercados turísticos são compostos de consumidores reais e potenciais. White (1981) define mercados como:

> Estruturas sociais autorreprodutoras entre grupos de firmas e outros atores que desenvolvem papéis a partir das observações do comportamento uns dos outros (White 1981: 518).

Essa definição funciona bem para o turismo e sustenta as abordagens a produtos e mercados descritos neste capítulo, e que podem ser resumidas da seguinte maneira:

1. produtos e mercados se desenvolvem junto com o turista, sendo este um coprodutor de bens;
2. eles comunicam uma abordagem de *marketing* que permite interação com o cliente em um processo contínuo.

Essa abordagem reconhece que o ambiente é volátil e que os mercados e as estruturas de produtos emergentes são dinâmicas. Por exemplo, o mercado turístico tem mudado como consequência do aumento das viagens, da mudança de valores e de percepções e da demografia. Feifer (1985) tem chamado esses novos consumidores de "pós-turistas". Eles são experientes, diferenciam e cuidam dos lugares que visitam, demonstrando consumo e comportamento éticos no destino. Os pós-turistas mudam de valores e de preferências, buscando cada vez mais autenticidade e experiências individuais bem administradas e produzidas sob medida, que lhes permitam aproximar-se da intimidade do destino e participar de sua dinâmica.

Esse novo comportamento do consumidor resiste às formas tradicionais de *marketing* e, para os profissionais desta área, é mais difícil entender e analisar esse comportamento, uma vez que os segmentos de mercado são menos estáveis, fragmentando-se e alterando-se constantemente. Para tratar desse desafio do "pós-turista" é preciso uma abordagem contemporânea da segmentação e da análise dos mercados turísticos. Essa abordagem deve se basear na pesquisa profunda e atenta, que comunica soluções especializadas e personalizadas para destinos e operadores. Tradicionalmente, a pesquisa de mercado em turismo tem estado vinculada aos anos 1960 – com análises de férias em nível nacional e pesquisas sobre vários assuntos – e não tem conseguido dar apoio às abordagens contemporâneas de segmentação de mercado.

Abordagens contemporâneas de pesquisa, em especial as que usam métodos de análise qualitativa e multivariada, são necessárias para a compreensão do mercado "pós-turista" e para o apoio ao desenvolvimento de novas técnicas de segmentação. A pesquisa profunda e atenta serve como base para novas abordagens do conceito de segmentação, que podem comunicar perfis detalhados de clientes e identificar elementos do comportamento do consumidor. O conceito de segmentação de mercado é fundamental para a compreensão do relacionamento entre produtos turísticos e mercados. Ela envolve a formulação e o posicionamento de produtos turísticos e as experiências que são projetadas para atrair segmentos pré-identificados. Essa abordagem pode gerar a plena compreensão das necessidades de cada um dos segmentos, que por si mesmos se tornam o foco do esforço de *marketing*. Para serem efetivos, os segmentos de *marketing* devem ser:

- *mensuráveis*: profissionais de *marketing* devem conseguir "quantificar" o segmento a fim de atingi-lo;
- *acessível*: o segmento deve ser "acessível" por meio da promoção;
- *substancial*: o segmento deve ser grande o bastante para apoiar o projeto de produtos turísticos particulares;
- *acionável*: uma organização deve conseguir desenvolver produtos que sejam efetivamente competitivos, nas vendas do segmento.

A segmentação dos mercados em turismo é, portanto, uma estratégia de *marketing* para atrair um público específico para um lugar específico. É preciso conhecer o potencial turista para lhe oferecer produtos adequados aos seus sonhos e expectativas.

Dificilmente um agente de viagens divulgará turismo de aventura para um grupo religioso, mas pode oferecer visitas aos santuários e marcos sagrados desta religião. Do mesmo modo, não compensa divulgar evento de negócios para um grupo de adolescentes. Quando se conhece o turista que está disposto a viajar, será possível oferecer a ele um produto sob medida que lhe agrade, assim ele poderá consumir e experimentar cada vez mais.

Segundo estudos da OMT, não existe país no mundo que não queira segmentar seu mercado turístico, pois é cada vez mais difícil os destinos atenderem a todos os públicos em potencial.

Os fatores que fazem o turista optar por um destino ou outro são variados e, muitas vezes, subjetivos, impossíveis de serem identificados. Podem ser visitas a amigos e familiares, tratamento de saúde, profissional, estudo, fuga do cotidiano ou do estresse, para conhecer-se melhor ou aventurar-se na natureza selvagem. As estratégias de segmentação terão de compreender e analisar esses fatores decisórios das escolhas dos destinos, e o farão de duas forma básicas: com a segmentação *a priori* e *a posteriori* conforme **tabela 2.1**. A primeira diz respeito ao que o turista faz e a segunda diz respeito a quem ele é.

Tabela 2.1 — Exemplos de segmentação *a priori* e *a posteriori*:

	Categoria	Tipos de variáveis
A priori	Demográfica	Idade, sexo, educação, estágio da vida, renda
	Geográfica	Local de residência
A posteriori	Psicológica/estilo de vida	Anseios, atitudes, valores, características pessoais
	Comportamental	Tipo de comportamento, tipos de informações procuradas e canais de distribuição usados.

Fonte: Moscardo et al., 2001, *apud* OMT e ETC, 2007, p. 6.

O turista, desta forma, escolhe o destino de acordo com quem ele é ou com o que ele faz. É neste sentido que o Instituto Brasileiro de Turismo (EMBRATUR) empreendeu uma nova campanha de *marketing* turístico internacional orientada ao tipo de público que irá recebê-la. Por exemplo, não adianta vender apenas sol e praia para os japoneses, pois esse não é seu interesse primordial. O correto é divulgar os atrativos naturais (Foz do Iguaçu, Pantanal, Floresta Amazônica), que mais lhes interessa. Por outro lado, esses atrativos não interessarão aos turistas portugueses e alemães, que desejam lazer em cidades e lugarzinhos escondidos do nordeste, com praias paradisíacas.

Por outro lado, nada disso interessará ao turista americano que vem ao Brasil a trabalho. Para eles, é necessário mostrar as potencialidades econômicas do país, bem como os atrativos dos grandes centros financeiros como Rio de Janeiro, São Paulo, Belo Horizonte e Salvador, entre outros (Panosso e Trigo, 2009).

MERCADOS DE PRODUTOS TURÍSTICOS

É evidente que os produtos turísticos e os mercados de turismo estão intimamente ligados. O conceito de "mercado de produto" reconhece essa interdependência e trata os "mercados de produto" dentro de um cenário de interação entre compradores e vendedores, em um mercado (**Figura 2.2**). O conceito de mercados de produtos é intuitivamente atraente e fundamental para a teoria do *marketing*. Isso porque ajuda a explicar como os mercados funcionam e se desenvolvem, como novos produtos são aceitos e se as fronteiras do mercado são distintas ou estão mudando. Em outras palavras, porque os mercados de produto são formados por meio da interação entre turistas e fornecedores, suas fronteiras são flexíveis, pois representam a mistura de muitas relações de trocas. Isso é descrito no trabalho pioneiro de Rosa et al. sobre o assunto (Rosa et al., 1999). Eles veem os mercados de produto como "lugar comum de encontro para compradores e vendedores" (Rosa et al. 1999: 64). Duas definições posteriores de "mercados de produto" são úteis na descrição do conceito:

O conjunto de produtos, considerados substitutos dentro daquelas situações de uso nas quais padrões semelhantes de benefícios são buscados e os clientes para quem tais usos são relevantes. São arenas delimitadas, nas quais preços e quantidades de bens e serviços substituíveis são negociados por consumidores e produtores e são separados por outras áreas delimitadas por lacunas de demanda entre os grupos de produtos (Day et al. 1979: 10).

A área de trocas reais e potenciais entre consumidores e produtores envolvendo as ofertas dos produtores e os desejos dos clientes, e com respeito a uma situação particular (Bourgeois et al., 1987: 370).

Figura 2.2 — Um sistema de mercado sociocognitivo (*Fonte*: Rosa et al., 1999)

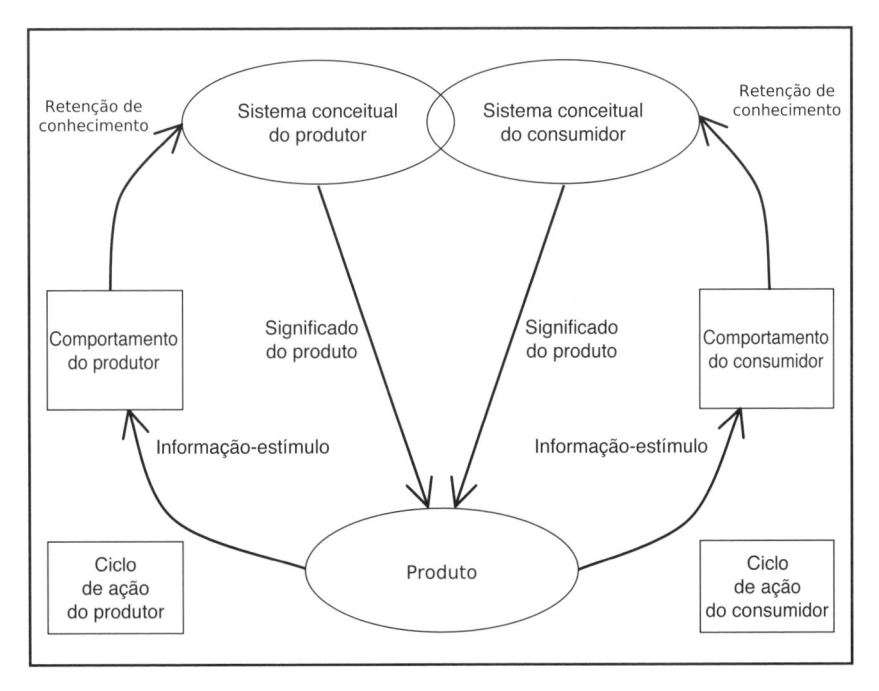

Mercados de produto são muito úteis na compreensão dos diferentes tipos de turismo e como eles podem ser classificados. No turismo, cada troca entre um turista e um fornecedor é única simplesmente pelo fato de a natureza da oferta turística ser altamente heterogênea e de o turista se envolver com esta oferta em níveis muito diferentes. Na verdade, existem dois processos em ação:

1. as trocas podem ser agrupadas e reunidas em um mercado de produto;
2. o conceito de mercado de produto mostra que o fornecedor e o turista podem influenciar essas trocas.

Em outras palavras, diferentes mercados de produto turístico são definidos pela interação entre fornecedores e turistas e incluem segmentos como ecoturismo, turismo macabro, turismo de aventura, turismo de herança ou turismo cultural. Em cada mercado de produto, os turistas podem ser classificados em função de seu comportamento ou envolvimento. Como seus "desejos" terão a tendência de se agrupar, enquanto fornecedores tenderão a se especializar em mercados de produto particulares.

É preciso, no entanto, lembrar que mercados de produto não são destinos. Destinos são conjuntos geográficos delimitados, que funcionam como cenário para os mercados de produto. Os destinos podem, portanto, ser o cenário para muitos mercados de produto – cada um com seu grupo de elementos próprios de clientes e fornecedores.

O conceito dos mercados de produto é útil para o turismo porque permite:

- a definição dos mercados de produto turístico com base em grupos de atributos particulares;
- a identificação de diferenças e a delimitação de fronteiras entre mercados de produto turístico.

CRIANDO MERCADOS DE PRODUTOS: HISTÓRIAS DE MERCADO

Uma das maneiras pelas quais os mercados de produtos são criados é através de histórias de mercado. Desta forma, tanto consumidores quanto produtores conseguem compreender, de maneira compartilhada, os mercados de produtos – e suas fronteiras – por meio de conversas que giram em torno de ofertas de produtos. Assim, os vários atores que criam um mercado de produto dão sentido ao ambiente a partir do conhecimento de como o mercado se forma. Esse conhecimento vem das narrativas que cercam os produtos físicos e das experiências turísticas dos atores do mercado, podendo ser nelas observado. Em um mercado de produto turístico esses atores abrangem consumidores, produtores, operadores, mídia, varejistas, intermediários, agências governamentais e organizações de *marketing* de destino.

Para o consumidor, essas histórias são importantes, particularmente nas situações em que não estão familiarizadas com o produto. *Blogs* de viagem e *sites* de análise de produto na internet, tais como o www.mytripadvisor.com, desempenham atualmente um papel cada vez mais importante na tomada de decisão do consumidor. À medida que os mercados de produto se desenvolvem, essas histórias mudam. Em mercados de produtos recém-emergentes, os consumidores tomam conhecimento de novas ideias que não se encaixam prontamente nas categorias existentes e as histórias são bastante variáveis. Quando os produtos turísticos amadurecem, as histórias se alinham mais intimamente umas com as outras, à proporção que um acordo sobre o mercado de produto é alcançado (**Tabela 2.2**).

Tabela 2.2 — A natureza mutável das histórias de mercado com a maturidade do produto

Características das histórias sobre mercados de produto emergentes	Características de histórias sobre mercados de produto maduros
Altamente complexas	Menos complexas
Menos acuradas	Mais acuradas
Julgamentos são discordantes	Julgamentos são concordantes
Discordam sobre a imagem do produto	Concordam sobre a imagem do produto

Fonte: Rosa e Spanjol (2005)

INTERAÇÕES E MUDANÇAS NOS MERCADOS DE PRODUTOS

O conceito da troca e da interação permeia a discussão sobre mercados de produtos de turismo. A interação contínua entre os atores do mercado acontece dentro do contexto dos destinos turísticos. Cada troca ou interação tem todas as características clássicas de um encontro de serviço. Como tal, é possível aprender, com bom nível de qualidade, com as trocas e interações. Os desafios das interações que ocorrem em mercados de produtos turísticos são apresentados na **Figura 2.3**. Nesta fica claro que, conquanto essas interações exponham as características clássicas dos serviços, elas são exacerbadas pela natureza do turismo não somente como uma atividade, mas também como um produto.

Figura 2.3 — O ambiente das interações de mercado de produto

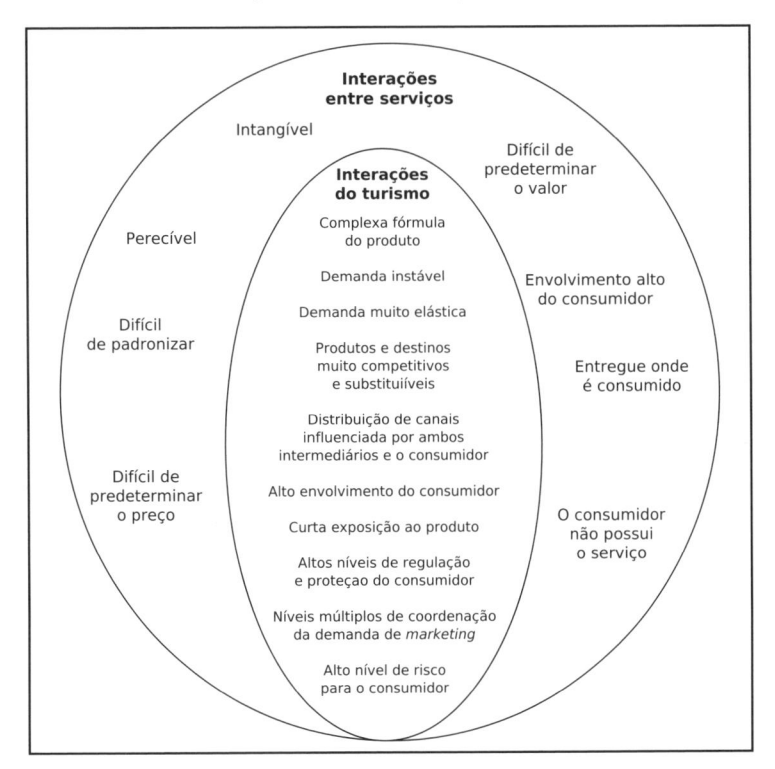

Interações entre serviços
- Intangível
- Perecível
- Difícil de padronizar
- Difícil de predeterminar o preço
- Difícil de predeterminar o valor
- Envolvimento alto do consumidor
- Entregue onde é consumido
- O consumidor não possui o serviço

Interações do turismo
- Complexa fórmula do produto
- Demanda instável
- Demanda muito elástica
- Produtos e destinos muito competitivos e substituíveis
- Distribuição de canais influenciada por ambos intermediários e o consumidor
- Alto envolvimento do consumidor
- Curta exposição ao produto
- Altos níveis de regulação e proteção do consumidor
- Níveis múltiplos de coordenação da demanda de *marketing*
- Alto nível de risco para o consumidor

Ambos, turistas e fornecedores, estão atualmente projetando estratégias para lidar com esses desafios. Os turistas são viajantes sazonais e entendem plenamente o mercado turístico – eles vão comprar tarde, viajarão com flexibilidade e exigirão seus direitos se o produto ou serviço não for oferecido conforme o descrito. Para o fornecedor, essas estratégias incluem *marketing* de relacionamento e gerenciamento da qualidade do serviço:

1. o *marketing* de relacionamento é concebido para assegurar a existência de uma base de clientes leais, a partir da criação, manutenção e aprimoramento constante dos relacionamentos com os clientes;

2. o gerenciamento da qualidade do serviço é concebido para "industrializar" a entrega do serviço ao garantir serviços padronizados e consistentes.

Essas duas estratégias combinadas ajudarão a manter os clientes, evitar a competição de preço, manter funcionários e reduzir custos. As estratégias são ampliadas por meio de outras técnicas, tais como gerenciamento de receita para ajustar os preços à demanda e assim amenizar a curva de demanda; fortalecimento da marca para comunicar atributos do produto e reduzir qualquer risco observado no momento da aquisição; gerenciar a evidência da interação por meio do investimento no ambiente físico ou na "paisagem de serviço"; e treinamento de pessoal, uma vez que a breve exposição do turista ao produto significa que o pessoal é parte da interação.

VISÃO GERAL DO CAPÍTULO

Este capítulo descreveu o conceito dos mercados contemporâneos de produtos turísticos como uma chave para a compreensão do *marketing* turístico. Mercados de produtos auxiliam na compreensão dos produtos turísticos, particularmente no turismo, em que há muito debate quanto à natureza do produto. Um ponto importante aqui é reconhecer que o consumidor de turismo é um coprodutor de bens. Isso permite o desenvolvimento de uma abordagem de *marketing* que enfatiza a importância da interação contínua com o turista. Este capítulo introduziu a abordagem contemporânea das experiências como produtos turísticos. O produto da experiência atinge diretamente o mercado do "pós-turista"; um mercado que é usado para produtos de alta qualidade visual e experiencial a partir do entretenimento e da mídia, e também procura autenticidade. Este capítulo considerou a natureza mutável do mercado de turismo e em particular a necessidade do turismo de engajar-se na pesquisa de mercado profunda e atenta e na segmentação de mercado inovadora. A mensagem deste capítulo é a de que produtos turísticos e mercados estão intimamente ligados e, por conseguinte, graças à força do conceito de mercados de produtos turísticos. Esses mercados fornecem uma estrutura para a compreensão da interação entre compradores e vendedores no turismo e permitem a clara definição dos produtos de turismo e das fronteiras existentes entre eles. A posição essencial de vários atores em um mercado tem levado ao estudo de histórias sobre a "formação de mercado", histórias de onde emerge um consenso entre os atores do mercado quanto ao que constitui um mercado de produto particular.

Parte 2

O turista contemporâneo

CAPÍTULO 3
Turistas contemporâneos, comportamentos e fluxos turísticos

OBJETIVOS DO CAPÍTULO

Depois de ler este capítulo, você deverá ser capaz de:

- entender as diferentes propostas de classificação de tipos de turismo;
- reconhecer os fatores que têm contribuído para o crescimento do turismo internacional;
- compreender a importância de eventos imprevisíveis, que podem impactar negativamente no crescimento do turismo;
- identificar fatores que possam explicar a estabilidade de curto prazo dos fluxos e padrões turísticos;
- entender os papéis da distância e da acessibilidade como fatores-chave na determinação dos fluxos turísticos;
- entender as características do turismo de massa e alternativo;
- entender a natureza do interesse especial no turismo;
- reconhecer abordagens psicográficas e motivacionais para explicar o comportamento turístico;
- reconhecer a importância da teoria do curso de vida para explicar mudanças no comportamento turístico sobre a vida de um indivíduo.

INTRODUÇÃO

O movimento de turistas em relação ao número de pessoas que viajam e à expansão geográfica das áreas por onde as pessoas viajam, tem sido contínuo e quase que ininterrupto, desde o fim da Segunda Guerra Mundial, com exceções bem marcadas, como durante os atentados terroristas de 11 de setembro de 2001 nos Estados Unidos e durante a crise financeira mundial de 2008/2009. Há múltiplas razões que justificam o crescimento das viagens internacionais e domésticas, assim como há questões relacionadas às receitas geradas e ao tempo disponível para as viagens e fatores que orientam tanto a saída de turistas de seus países quanto a sua recepção nos destinos. Este capítulo examinará a variedade de fatores que determinam os padrões, fluxos e comportamentos dos turistas contemporâneos. Eles serão examinados em várias escalas de análise e níveis de detalhamento.

A primeira seção deste capítulo descreve os movimentos internacionais de viagem. A segunda explica as mudanças no turismo em nível macro, com referência a fatores estruturais que o influenciam, bem como suas diferentes classificações. A terceira seção fala dos comportamentos dos turistas contemporâneos e parte para uma análise em nível micro, ao avaliar como as preferências de viagem individuais podem ser explicadas em termos de perfis psicográficos ou motivações pessoais. A seção final examina como as motivações e os limitadores da viagem se alteram durante as diversas fases da vida de um indivíduo.

MOVIMENTO DE VIAGENS INTERNACIONAIS

O movimento de turistas não está espalhado uniformemente ao redor do globo. O turismo está sujeito a uma série de influências e de fatores que determinam sua distribuição relativa. Os fluxos não são aleatórios, e sim padronizados. A **Tabela 3.1** fornece números sobre a chegada de visitantes internacionais em diferentes regiões do mundo. Um dos resultados imediatos de uma análise do turismo internacional em termos de padrões de movimento é que o turismo tem estado historicamente concentrado na América do Norte e na Europa. No entanto, com o tempo, registram-se mudanças, com a região da Ásia-Pacífico experimentando significativo crescimento, em comparação com a Europa e as Américas.

Tabela 3.1 — Chegadas de turismo internacional e previsões 1950–2020 (em milhões)

Ano	Mundo	África	Américas	Ásia e Pacífico	Europa	Oriente Médio
1950	25.3	0.5	7.5	0.2	16.8	0.2
1960	69.3	0.8	16.7	0.9	50.4	0.6
1965	112.9	1.4	23.2	2.1	83.7	2.4
1970	165.8	2.4	42.3	6.2	113.0	1.9
1975	222.3	4.7	50.0	10.2	153.9	3.5

(continua)

1980	278.1	7.2	62.3	23.0	178.5	7.1
1985	320.1	9.7	65.1	32.9	204.3	8.1
1990	439.5	15.2	92.8	56.2	265.8	9.6
1995	540.6	20.4	109.0	82.4	315.0	13.7
2000	687.0	28.3	128.1	110.5	395.9	24.2
2005	806.8	37.3	133.5	155.4	441.5	39.0
Previsão						
2010	1.006	47	190	195	527	36
2020	1.561	77	282	397	717	69

Fonte: OMT (1997, 2006).

As previsões da Organização Mundial de Turismo (OMT) (1997, 2001) afirmam que em 2020 as chegadas internacionais devem se aproximar de 1,6 bilhão. Dessas chegadas mundiais em 2020, 1,2 bilhão serão intrarregionais e 378 milhões serão viagens de longas distâncias. Até 2020, as três maiores regiões receptoras serão a Europa (717 milhões de turistas), o leste da Ásia e o Pacífico (397 milhões) e as Américas (282 milhões), seguidos pela África, o Oriente Médio e o sul da Ásia.

O leste da Ásia e o Pacífico, a Ásia, o Oriente Médio e a África têm previsão de registrar crescimento em taxas de mais de 5% ao ano, índice superior à média mundial de 4,1%. No entanto, registra-se que essas regiões sempre tiveram uma taxa de crescimento de viagens internacionais significativamente baixa quando comparada à Europa e às Américas. O que se espera é que a Europa e as Américas tenham taxas médias de crescimento menores, uma vez que representam mercados mais maduros em termos de viagens internacionais. A expectativa é de que a Europa continue a deter a maior fatia de chegadas mundiais, embora possa registrar um declínio de cerca de 46% em 2020 (OMT, 2001).

Fatores que historicamente afetam os fluxos turísticos

- guerras mundiais ou grandes conflitos internacionais, incluindo terrorismo;
- séria depressão econômica ou períodos de recessão severa em um grande número de países.
- rápido aumento no preço de uma importante fonte energética que é usada para transporte, particularmente o petróleo;
- erupção de epidemias de doenças contagiosas.

A ESTABILIDADE DO TURISMO: INÉRCIA TURÍSTICA

Uma das observações mais significativas a respeito dos fluxos de turistas internacionais é que há uma notável estabilidade, de um ano para o outro, nos padrões de viagem agregados. Essa situação tem sido verificada há muito tempo, como observaram Williams e Zelinsky (1970: 563) em uma das obras seminais sobre turismo internacional, ao dizer que "evidentemente, uma vez estabelecida, uma corrente de turistas tem sua própria inércia e pode predizer fluxos futuros com confiança considerável, sem se conseguir explicar as causas dos padrões passados ou presentes". Contudo, continua sendo útil identificar os fatores causais dos fluxos turísticos. Por exemplo, a hipótese da reciprocidade, ou seja, de que um fluxo de turistas em uma direção deveria gerar um contrafluxo na outra direção, é uma hipótese que perde o valor quando se analisa os dados sobre turismo internacional. No entanto, Williams e Zelinsky (1970) sugeriram várias razões quanto aos fatores que podem explicar a estabilidade de curto prazo dos padrões de fluxo turísticos e que permanecem relevantes para os padrões de viagem contemporâneos:

- a informação levada às pessoas no país de origem, por turistas que fizeram visitas anteriores ao país de destino;
- a distância como um fator que influencia os padrões de viagem (incluindo-se rota, tempo e custo de deslocamento, mais que distância absoluta);
- a presença ou ausência de outros tipos de conectividade internacional, passada ou presente, tenderá a estimular ou inibir padrões turísticos internacionais. Exemplos de conectividade incluem o comércio internacional, a migração por trabalho, as fidelidades políticas e a cultura compartilhada. Também se nota que barreiras político-culturais poderiam inibir fluxos turísticos;
- alguns fatores de atratividade, tais como o clima, influenciam os fluxos de viagem. Por exemplo, a existência de um fator heliotrópico ou de turistas que buscam o sol, no turismo internacional, se confirma nos fluxos norte-sul, que podem ser identificados em termos das muitas viagens internacionais do norte da Europa para o Mediterrâneo e dos fluxos semelhantes do Canadá e do norte dos Estados Unidos para o sul dos Estados Unidos, México e Caribe;
- o custo relativo de diferentes destinos potenciais;
- a existência de oportunidades interventoras, ou seja, de potencial para uma parada durante uma viagem de longa distância entre países. Alguns dos exemplos mais conhecidos incluem Hong Kong e Singapura com países tais como Malásia, Tailândia e Vietnã, com os primeiros também competindo para ser o destino central e, portanto, um grande potencial de local de parada para fluxos de viagens entre Europa e Australásia;
- os eventos têm efeito somente de curto prazo sobre os fluxos de viagem;
- a imagem da estabilidade do destino nas áreas de produção;
- traços culturais e nacionais em áreas de produção, com respeito a fatores de risco.

DISTÂNCIA COMO DETERMINANTE DOS FLUXOS E PADRÕES DO TURISMO CONTEMPORÂNEO

Muitos dos fatores identificados por Williams e Zelinsky têm sido observados na literatura contemporânea sobre turismo. Por exemplo, Hall (2005a) concentrou-se na importância da distância como uma variável que ajuda a entender a distribuição dos turistas e a produção turística. Ele argumenta que a distribuição do comportamento de viagem no espaço e no tempo reflete um ajuste ao fator da distância, quer seja na forma de distância espaço-tempo, econômica, de rede, cognitiva, social ou cultural. De acordo com Tobler (1970, 2004), a primeira lei da geografia é a de que tudo está relacionado a tudo, porém coisas próximas estão mais relacionadas que coisas distantes. Essa declaração fornece uma análise acurada da regularidade observada no comportamento humano e o papel da distância como conceito fundamental com respeito às noções das relações entre lugares, tais como destinos turísticos e regiões produtoras. Por exemplo, as decisões de viagem e de localização são geralmente tomadas a fim de minimizar os efeitos friccionais da distância, com alguns destinos sendo mais acessíveis que outros. Hall (2005a) foi ainda mais longe ao sugerir que há seis leis de turismo, embora estejam relacionadas geralmente à mobilidade.

1. *A distribuição do comportamento de viagem no espaço e no tempo reflete um ajuste ao fator da distância.* Tipos de distância que influenciam o turismo incluem:

- *a distância euclideana,* que é a distância física direta entre os lugares;
- *a distância do tempo,* que é o tempo levado pela viagem entre os lugares;
- *a distância econômica (custo de distância),* que é o custo monetário para superar a distância física entre dois lugares;
- *a distância da gravidade*, um subsistema da distância tempo/economia e que reforça a noção de que mais perto significa menos esforço e é importante para uma série de comportamentos que incluem o tamanho estimado dos mercados para lugares e atrações;
- *a distância de rede,* que é a distância entre locais via pontos intermediários, como em uma rede de transporte ou rede de telecomunicações;
- *a distância cognitiva (distância percebida),* que são juízos referentes à separação espacial dos lugares. A distância cognitiva é particularmente importante, por exemplo, no modo como viajantes potenciais coletam, estruturam e se lembram das informações sobre os lugares, no espaço físico, e estabelecem mapas mentais;
- *a distância social,* que é uma distância componente, associada a diferenças entre classes sociais (que tem diferentes características socioeconômicas) que pode ser expressa em termos das características de localização de classe ou *status*;
- *a distância cultural,* relacionada à distância social, mas que se refere mais especificamente a diferenças entre culturas e como isso é expresso em percepções de distância.

2. *Decisões de viagem e localização são geralmente tomadas a fim de minimizar os efeitos friccionais da distância.* Esse conceito é também frequentemente mencionado como a "lei do mínimo esforço ou do menor esforço". No turismo, exceções a essa regra aplicam-se quando a viagem em si é parte da atração ou é o "destino", como por exemplo, viagem em um cruzeiro.

3. *Os destinos e localizações são variavelmente acessíveis, alguns mais que outros.* A acessibilidade é uma qualidade variável de qualquer localização, porém basicamente refere-se à tranquilidade de se chegar a um lugar e está intimamente relacionada ao conceito de minimização de movimento, especialmente quando isso é medido pelos custos envolvidos na distância superada.

4. *Há uma tendência de que as atividades humanas se aglomerem para tirar vantagem de economias de escala.* As economias de escala se referem a como as atividades, tais como operações de empresas, podem estar concentradas em certos locais, a fim de orientar a redução de custos econômicos e de tempo-distância. No entanto, elas também se aplicam a relacionamentos sociais, como reuniões e convenções.

5. *A organização de aspectos espaciais e não espaciais da atividade humana é essencialmente hierárquica.* Isso ocorre em parte como consequência dos inter-relacionamentos entre tendências de aglomeração e acessibilidade. Locais mais acessíveis parecem ser as áreas de maior aglomeração e vice-versa. Uma das implicações disso é que, para determinada área (por exemplo, um país), há uma hierarquia de localizações em termos de acessibilidade. Por exemplo, isso torna-se aparente quando se consideram relacionamentos entre tráfego de aeroporto ou de outros nós de transporte e as áreas que eles servem.

6. *Atividades humanas e ocupação são focais no caráter.* Os nós sobre os quais a atividade humana é organizada são aglomerações de tamanho variado. Uma vez que são hierarquicamente arranjadas, a consequência é que há uma hierarquia de regiões focais de diferentes tamanhos. De novo, isso fica evidente quando se considera a ordem de classificação de aeroportos em qualquer país e o tamanho relativo das regiões que eles servem.

Dessas seis "leis", Hall (2005a) argumenta que as quatro primeiras são as mais importantes para descrever os padrões contemporâneos de turismo, principalmente em nível local. Especialmente importante é o conceito de decadência da distância, que se refere à noção de que o grau de interação espacial (fluxos entre regiões, por exemplo, de viajantes) está inversamente relacionado à distância. A regularidade empírica desse relacionamento é tal que ele está aberto à análise matemática por meio dos campos que são descritos como modelos em uma variedade de campos, tais como transporte e varejo. Trata-se de uma ideia ilusoriamente simples, porém crítica, que em termos de um leigo pode ser brutalmente reformulada como uma atração ou um destino turístico tende a atrair mais as pessoas de locais próximos do que de locais distantes. O conceito é muito importante à medida que destaca o modo pelo qual a acessibilidade transformada de um destino ou atração, ligada à de outros destinos potenciais disponíveis para o consumidor, torna-se uma variável importante no sucesso do destino no mercado.

TURISMO DESCRITIVO

Embora a modelagem matemática da mobilidade humana, incluindo-se a viagem de lazer, seja uma maneira de analisar e descrever os padrões e fluxos turísticos, uma abordagem descritiva mais comum nos estudos sobre turismo é a de descrevê-lo de acordo com as motivações, comportamentos e atividades de turistas ou por outras características. Por exemplo, um termo muito utilizado que combina aspectos das características do turista, bem como da produção das experiências turísticas, usado por acadêmicos e na mídia é "turismo de massa". Porém o que exatamente isso quer dizer?

Turismo de massa e alternativo

Da maneira mais simples, turismo de massa se refere à produção de turismo organizado industrialmente, que apoia o movimento de grandes números de pessoas. O elemento quantitativo primário do turismo de massa é o de um grande número de pessoas fazendo viagens de longa distância, que exigem estadas de pelo menos uma noite longe de casa (por exemplo, Bramwell, 2004). Um elemento quantitativo secundário do turismo de massa é o da proporção relativamente alta de visitantes a um destino que tenham adquirido por meio de um pacote (por ex., Burns, 1999). No entanto, muitos dos elementos do turismo de massa são, em seu escopo, mais qualitativos, com os turistas de massa sendo frequentemente estereotipados em frases que descrevem a "diversão de rebanho (de uma classe), sem distinções sociais internas, rabugenta e guiada por livros de excursão produzidos em massa" (Furlough, 1998: 248). No Brasil, essas críticas centram-se nas grandes operadoras, como a CVC, por exemplo, ou nos cruzeiros marítimos, outra modalidade de turismo de massa. Algumas dessas críticas são simplesmente elitistas ou preconceituosas, outras, mais sérias, preocupam-se com os impactos ambientais e culturais que o turismo de massa pode provocar se não for devidamente planejado e implementado.

O princípio do turismo de massa é normalmente identificado com o desenvolvimento dos primeiros pacotes de excursões utilizando trens e/ou em viagens em navios a vapor, em meados do século XIX. No entanto, sua forma contemporânea está normalmente associada aos pacotes de excursão baseados em viagens aéreas. A expressão turismo de massa tem uma conotação elitista porque frequentemente denota viagens feitas por pessoas mais pobres, com menos formação acadêmica, para destinos aos quais os mais ricos e "mais sagazes" não viajam, ou já deixaram de viajar. Por exemplo, Burns (1999: 46) descreveu turistas de massa como "um fluxo contínuo de visitantes com renda e valores de classe média, que espera encontrar hotéis e funcionários multilíngues capazes de suprir todas as necessidades dos turistas". Eles obviamente esperam encontrar "amenidades ocidentais". Como tal, o turista de massa é às vezes descrito como dependente de sua "bolha ambiental". Esta bolha serve "para preservar alguma familiaridade com um ambiente estranho e para familiarizar o viajante com estranhos" (Mittleberg, 1998: 28). Vários elementos de turismo de massa têm sido descritos (Buswell, 1996; Burns 1999; Bramwell, 2004; Duval, 2004):

- demanda turística altamente sazonal;
- turistas de classe média e baixa, de áreas urbano-industriais;
- grande número de turistas, em relação aos residentes dos destinos;
- foco especial sobre algumas áreas dentro do destino, associadas à concentração espacial de instalações;
- exploração de valores, comportamentos e línguas locais;
- organização por operadores de turismo internacionais;
- exploração de recursos naturais;
- produtos indiferenciados;
- pacotes de feriado;
- confiança em mercadores produtores desenvolvidos.

Por causa dessas características, o turismo de massa é também normalmente considerado como sendo prejudicial para o destino. Por exemplo, Bramwell (2004: 19) declarou que "os *resorts* de turismo de massa têm sido criticados como se pudessem devastar os sistemas ambientes locais." Ele argumenta que, em muitos casos, os turistas podem ultrapassar a capacidade que a comunidade anfitriã tem de lidar adequadamente com a situação. Stamboulis e Skayannis (2003) comentam sobre a degradação ambiental associada ao turismo de massa, e também os problemas em relação à infraestrutura e aos serviços existentes no destino. Do mesmo modo, Conway (2004: 190) nota que "um impacto ambiental *direto* muito importante no turismo de massa diz respeito à demanda crescente da indústria por serviços receptivos, que cuidarão de subprodutos indesejáveis". No entanto, os impactos negativos do turismo de massa são observados estendendo-se para além do ambiente físico. Por exemplo, Khan (1997: 989) declara que "o desenvolvimento do turismo de massa também cria uma demanda econômica para as ciladas da cultura local", o que indica a possível comoditização das culturas locais dentro do destino onde acontece o turismo de massa. Mowforth e Munt (1998) também argumentam que o turismo de massa, auxiliado por grandes empresas, resulta no deslocamento em massa das comunidades.

Por conta dos impactos negativos do turismo de massa e das mudanças no consumo turístico, algumas pessoas argumentam que há uma mudança daquela na direção de formas de turismo "alternativas" ou mais voltadas para um "interesse especial". Eadington e Smith (1992: 3) definiram turismo alternativo como "formas de turismo que estão em consonância com valores naturais, sociais e comunitários, e que permitem a anfitriões e convidados desfrutarem de uma interação positiva e de experiências partilhadas". Pearce (1992) desenvolveu a noção de *opostos polares*, segundo a qual o turismo alternativo e o turismo de massa eram completamente opostos, movendo-se em direções diferentes. Hunter (2002) descreveu as diferenças entre duas formas de turismo. O turismo de massa envolve negócios em larga escala, grandes quantidades de turistas sendo transportados em massa, e experiências, que são muito parecidas com as de seu próprio estilo de vida doméstica (Hunter 2002). O turismo alternativo, por outro lado, é descrito como de pequena escala, com impactos mínimos sobre a cultura local e o ambiente, e os turistas desejam ter uma experiência genuína do estilo de vida local com "ecoturismo", "turismo suave" e "turismo sustentável" sendo identificados como algumas dessas formas de turismo alternativo. Os movimentos *slow food* e *slow travel*, surgidos primordialmente na Europa, representam essas tendências contemporâneas. No entanto, essa abordagem dualista ao turismo de massa e alternativo tem sido substancialmente criticada.

A viagem como experiência significativa deve ser um desfrute, por isso existe um movimento denominado *slow travel*, inspirado pelo *slow food*, desenvolvido pelo italiano Carlo Petrini.

O que seria essa *slow travel*? *"Quando viajava pelos vastos países do Danúbio, indo em determinada direção, sempre disposto a fazer digressões, paradas e desvios repentinos, vivia persuadido, como ante o mar; vivia submerso no presente, nessa suspensão do tempo que se verifica ao abandonarmo-nos ao seu leve fluir e ao que a vida nos traz – como uma garrafa aberta sob a água e renovada pelo fluir das coisas, como dizia Goethe viajando pela Itália. Em uma vagem vivida assim os lugares passam a ser etapas e moradas do caminho da vida, paradas fugazes e raízes que induzem a sentir-se em casa no mundo."* (Magris, 2008: 11). São experiências muito diferentes das viagens rápidas e tensas a trabalho, motivadas por negócios ou por razões acadêmicas.

> Uma matéria especial da revista *Newsweek* (14-21 de maio de 2007) sobre *slow travel* indica meios de transportes ideais para desfrutar com tranquilidade do mundo: bicicletas, casas flutuantes, ferrovias transcontinentais, navios a vapor e cavalos. Em termos de estada valem desde *spas* até *resorts*, casas de aluguel em cidades, praias ou montanhas, *private homes* e qualquer tipo (...) onde se possa ficar por longos e preguiçosos dias, sem a obrigação de cumprir tópicos de um roteiro preestabelecido ou ticar as atrações de um guia turístico. Países e regiões como China, Índia, Rússia, leste europeu, interior da Europa Ocidental e Patagônia oferecem destinos para serem desfrutados com calma e serenidade, mesmo tendo a possibilidade de circuitos fascinantes em montanhas ou velejar pelos mares bravios do Atlântico Norte, na Escócia, por exemplo. O prazer da experiência mais profunda é pessoal e intransferível: "Passamos bem quando estamos em viagem: sem apuros e sem pretensões, mais afeitos à vagabundagem que à ditadura dos guias turísticos, gostamos de nos abandonar, ao azar, aos prazeres de nossa idade, uma surpresa arquitetônica, um jardim florido, um passeio em bonde, um museu confidencial, uma boa janta." (Saer, 2000: p. 24).

Clarke (1997) argumentou que encarar turismo sustentável e turismo de massa como opostos polares representando o "bem" e o "mal", respectivamente, é uma barreira conceitual entre ambos os tipos de turismo. Ao contrário, turismo de massa e turismo sustentável formam um contínuo (Hall, 1998, 2008). Na verdade, Bramwell, em sua crítica do turismo de massa costeiro no Mediterrâneo, notou que a "conveniência do turismo de massa depende do contexto preciso de cada destino" (Bramwell, 2004: 18). Do mesmo modo, Butcher (2003: 26) argumentou que "o turismo de massa pode ser sustentável" e que, quando os pesquisadores concentram-se somente nos novos aspectos do turismo (tais como o turismo alternativo), estão tendo visão muito limitada.

Um elemento complicador nas discussões sobre turismo de massa e turismo alternativo é o de que os atributos do turista estão normalmente entrelaçados com os atributos do destino e da infraestrutura de apoio para a viagem. No entanto, tal combinação de elementos é problemática, no mínimo de duas maneiras. Primeiro, o turismo é cocriado para que os destinos não sejam vistos como elementos passivos no desenvolvimento do turismo e sejam, na mesma medida, contribuintes para formas particulares de turismo, bem como para os padrões e os fluxos de visitantes associados a eles. Segundo, e ainda mais importante, é bem provável que na mesma viagem um consumidor possa deslocar-se entre diferentes formas de turismo, para que esteja engajado no turismo de massa em determinado ponto no tempo e no turismo alternativo em outro. Como uma situação assim levaria a uma descrição efetiva do turista, ou refletiria uma característica do turismo moderno?

Turismo de Interesse Especial (TIS)

A confusão entre a descrição do turista e as descrições dos tipos de turista também se dá em discussões de Turismo de Interesse Especial (TIS), um conceito na maioria das vezes intimamente associado ao de turismo alternativo (p.ex. Poon, 1997). O TIS ocorre quando a motivação da viagem e da tomada de decisão é primeiramente determinada por um interesse especial particular, frequentemente associado com "lazer sério" (Hall e Weiler, 1992; Stebbins, 1992). Derrett (2001: 3) define o TIS como "a provisão do lazer customizado e das experiências recreacionais conduzidas pelos interesses expressos específicos de indivíduos e grupos." No entanto, em uma ligação com "turismo alternativo", ela também relacionou o conceito do desenvolvimento do "novo turismo", definido por Poon (1997: 47) como o "fenômeno do pacote em larga escala de serviços de lazer não padronizados a preços competitivos para atender demandas de turistas, bem como as necessidades econômicas e socioambientais dos destinos". As dimensões "novas" e "experienciais" do TIS também foram mencionadas na coleção de estudos de Novelli (2005), sobre "turismo de nicho", que também tem ligações com as ideias relativas à economia da experiência.

A despeito das dificuldades empíricas e teóricas para categorizar viajantes de interesse especial, o TIS é frequentemente caracterizado, ao menos em parte, pela busca do turista por experiências turísticas novas, autênticas e de qualidade (p.ex. Derrett, 2001).

No entanto, é importante reconhecer que o TIS precisa relacionar-se às motivações principais do turista de participar em uma viagem ou atividade, ao invés de apenas à provisão de atividades que supram essas motivações (McKercher e Chan, 2005). Caso contrário, no curso da mesma viagem, ainda no mesmo dia e usando categorias encontradas na literatura de turismo, um visitante de uma cidade como São Paulo poderia ser categorizado como um turista urbano, um turista patrimonial (quando visita uma área histórica como Paranapiacaba), um turista cultural (quando vai a um museu, como o Museu de Arte de São Paulo - MASP - ou a Pinacoteca do Estado), um turista de esporte (quando vai a um estádio, como o Morumbi ou o Pacembu, assisti a uma partida de futebol), um turista gastronômico (quando vai aos restaurantes do Bixiga ou dos Jardins saborear a comida local) e um turista de compras (quando vai à Rua 25 de Março, à Rua Oscar Freire ou aos *shopping centers*). Toda vez que ele (ou ela) faz uma dessas atividades, pode ser acrescentado ao grupo dos muitos turistas que se encaixam nessas categorias.

ABORDAGENS EM MICROESCALA

Identificar e amalgamar as várias motivações dos viajantes é um exercício importante para o *marketing* de segmentação, porém um exercício repleto de dificuldades, porque se baseia em suposições de não somente estar preparado para identificar adequadamente as características psicológicas das outras pessoas, como também, em muitos casos, de estar preparada para confiar que as outras pessoas estão dispostas e preparadas para explicar as suas motivações. Elementos restritivos, em nível macro (como os descritos no capítulo 1), como dinheiro, cultura, gênero e saúde, são influências óbvias na tomada de decisão do indivíduo em relação às viagens, porém esta seção se concentra mais em algumas das variáveis psicológicas que são usadas para explicar os fluxos e padrões turísticos.

Várias tipologias de turistas têm sido desenvolvidas e se concentram nos perfis psicológicos ou em traços de personalidade. Gray (1970) identificou a viagem de prazer como baseada em duas motivações básicas: o desejo pelo sol e o desejo de viajar. O desejo de viajar é "um traço básico da natureza humana, que faz com que alguns indivíduos queiram deixar coisas com as quais estão familiarizados e partir para ver em primeira mão culturas e lugares diferentes e excitantes. Um desejo de trocar temporariamente as coisas conhecidas e comuns do lar por algo que seja exótico" (1970: 57). Em contraste, o desejo pelo sol depende da existência, no outro lugar, de amenidades diferentes ou melhores, ou ainda um motivo específico disponível no local. Em 1972, Cohen criou uma tipologia de turistas com quatro categorias diferentes: turista de massa organizado, turista de massa individual, o explorador e o andarilho.

Porém, em termos de *marketing*, o modelo mais reconhecido talvez seja a tipologia dos turistas psicocêntricos, mesocêntricos e alocêntricos de Plog (Plog, 1974). Os alocêntricos estão alinhados com os exploradores e andarilhos de Cohen (1972), e não partilham do turismo de massa, tendem a buscar destinos novos e excitantes, e estão preparados para correr riscos (Ryan, 2003). Os psicocêntricos, no entanto, são parecidos com o turista de massa organizado e o turista de massa individual. Os psicocêntricos incluem os turistas que são inibidos e têm personalidades ansiosas ou avessas a riscos. Esses turistas buscarão o que é conhecido e ficarão mais felizes em um ambiente urbano, são muito conservadores com relação a seus arranjos de viagem e escolhem ficar perto de casa ou, se viajam para o exterior, o farão para destinos favorecidos por turistas semelhantes a eles. Plog (2001, 2002) reintroduziu as escalas psicográficas, porém com descritores trocados: o alocêntrico se tornou "aventureiro" e o psicocêntrico se tornou "confiável". Plog também afirma que a população turística, como qualquer outra população, está normalmente distribuída entre o verdadeiro segmento aventureiro, que representa 4% da população e o verdadeiro confiável, aproximadamente 2,5%. Esses tipos de modelos de personalidade e psicográficos, altamente influentes nos estudos turísticos, despertam perguntas interessantes sobre cocriação de experiências turísticas, particularmente com respeito a como destinos e seus produtos se adaptam aos turistas de lazer. Plog, por exemplo, na formulação original de seu trabalho sobre psicocêntricos e alocêntricos, acreditava que a capacidade de se adaptar, além de como turistas percebiam e experimentavam os destinos, é um elemento importante na determinação do sucesso do destino.

CONSIDERAÇÕES DE TURISMO EM NÍVEL MÉDIO

Uma questão-chave na compreensão e na previsão do comportamento de viagem do indivíduo é como as motivações e as oportunidades para viagem e mobilidade mudam, com o tempo. Há muito se tem reconhecido que as viagens e as experiências de vida do passado influenciam as escolhas de destino de viagens futuras (Pearce, 2005). No entanto, essas mudanças não são facilmente capturadas sem que recorramos a dados longitudinais. Um ponto-chave de interesse para os pesquisadores de turismo está na crescente rotinização de mobilidades de distância mais longa de lazer e turismo (Hall, 2005a). Pesquisadores das áreas de transporte e de turismo identificaram as implicações da natureza mutante das redes sociais – o conjunto de relacionamentos sociais maiores e/ou mais dispersos – como um fator crucial para influenciar comportamentos de viagem que são adotados a fim de manter essas redes (Coles e Timothy, 2004). A expansão das redes sociais e econômicas em termos de atividade e de conhecimento de espaços tem sido mencionada como o desenvolvimento de "gerações globais" (Edmunds e Turner, 2005) e é um importante fator de distinção do turismo contemporâneo em relação às gerações anteriores. Na verdade, uma importante questão de pesquisa com respeito à descrição de padrões de turismo é compreender em que medida os comportamentos de viagem permanecem consistentes durante toda uma geração.

Uma maneira pela qual a mudança de geração, bem como as mudanças individuais no comportamento de viagem, podem ser representadas graficamente, é por meio da abordagem do curso de vida. O paradigma do curso da vida enfatiza que as mudanças em uma dimensão do processo de envelhecimento da família, por exemplo, estão necessariamente ligadas a outras dimensões, na busca da explicação para os comportamentos. A abordagem de curso de vida sugere que o tempo e a ordem dos principais eventos da vida (por exemplo, casamento, separação, nascimento dos filhos, aposentadoria) sejam considerados comparativamente aos relacionamentos entre o indivíduo, os amigos na mesma faixa etária e as estruturas sociais mutáveis. A abordagem de curso de vida também tem como objetivo impor a ideia de um caminho de vida normal, conforme articulado nos modelos de ciclo de vida, enquanto o que é central para o conceito de curso de vida não é o conceito de estágio, mas o de transição. As transições nos períodos iniciais têm implicações em relação às posteriores, com mudanças no "tempo pessoal", no "tempo histórico" e "no tempo de família". Warnes (1992) identificou várias transições que afetam os perfis de viagem:

- deixar a casa dos pais;
- união sexual;
- iniciar e desenvolver uma carreira;
- constituir uma família;
- ter filhos (renda alta/baixa);
- promoção profissional;
- divórcio ou separação;
- coabitação e segundo casamento;
- aposentadoria;
- privação ou colapso na renda;
- debilidade ou problemas crônicos de saúde.

A associação a um grupo é um fator central nas oportunidades no curso da vida, como o casamento, emprego ou a capacidade de sustentar uma família. No entanto, a categoria temporal do grupo de nascimento (ou geração), que é uma ferramenta usada por muitos pesquisadores ao examinar o comportamento do consumidor, também pode ser um fator relacionado à troca de valores, incluindo-se os de viagem. Como notou Mills (2000: 101), "embora um local espacial ou físico, por exemplo, possa mudar como consequência da migração, as pessoas nascem não apenas em um contexto histórico particular, mas também em um particular contexto cultural e social".

REVISÃO DO CAPÍTULO

Este capítulo falou de várias abordagens diferentes para explicar o comportamento e os fluxos do turismo contemporâneo. O capítulo começou com uma visão geral do crescimento no turismo internacional desde 1950, tendo como fator extraordinário no turismo internacional a inércia no sistema turístico. Várias explicações em nível macro ou estrutural, econômico, espacial e social para padrões e fluxos internacionais foram fornecidas, com eventos inesperados sendo identificados como fatores-chave que afetam o crescimento turístico.

O capítulo, então, examinou as categorias de turismo de massa e turismo alternativo, com atenção particular sendo dada ao modo pelo qual essas tipologias unem o consumo e as dimensões de produção do turismo. Além disso, as noções de turismo de massa e de turismo alternativo também foram identificadas como tendo elementos morais associados a elas, que podem minimizar sua dimensão empírica. Do mesmo modo, vimos que há frequentes confusões sobre a categorização dos vários tipos de TIS.

Abordagens em nível micro, que se concentram em descrever o comportamento de viagem individual, foram divididas em abordagens psicográficas e motivacionais. Valiosas como são, notou-se que elas, na maioria das vezes, não respondem suficientemente pelas mudanças durante o curso de vida de um indivíduo. Finalmente, notou-se que as abordagens de curso de vida podem dar uma ideia das dimensões grupais do turismo de comportamento que destacam o fato de que turistas contemporâneos mais jovens podem muito bem serem os mais móveis de qualquer geração, em termos de viagem de longa distância.

CAPÍTULO 4
Marketing de turismo contemporâneo

OBJETIVOS DO CAPÍTULO

Depois de ler este capítulo, você deverá ser capaz de:

- ter consciência do escopo e da definição de *marketing* do turismo contemporâneo;
- estar familiarizado com a evolução do foco de *marketing* a partir de bens e serviços;
- entender a natureza e as dimensões do ambiente de *marketing* do turismo contemporâneo;
- apreciar a necessidade por informação de mercado do turismo e o papel da pesquisa;
- reconhecer o papel central do *marketing* de relacionamento no *marketing* do turismo contemporâneo;
- entender que a tecnologia está transformando a prática do turismo contemporâneo;
- perceber a importância da inovação e do Desenvolvimento de Novos Produtos (DNP) no turismo;
- ter consciência de que a Responsabilidade Social Corporativa (RSC) e a ética irão desempenhar um papel crescente no *marketing* do turismo contemporâneo.

INTRODUÇÃO

Este capítulo introduz as dimensões do *marketing* do turismo contemporâneo. Ele descreve o pensamento atual em termos do escopo e da definição de *marketing* e, em particular, apresenta graficamente a mudança para o foco em bens e serviços. A condução dessa mudança tem sido o reconhecimento de que o *marketing* de turismo deve concentrar-se na natureza tangível e intangível do serviço, mas, acima de tudo, deve se concentrar nas necessidades do consumidor e em seu envolvimento na cocriação da experiência contemporânea do turismo e de seus produtos, como foi visto nos capítulos anteriores. Descreve, então, as dimensões do ambiente cada vez mais turbulento e complexo do *marketing* para turismo, concluindo que tipos particulares de organização se adaptarão melhor ao sucesso nesse ambiente. Trata-se de um ambiente globalizante, altamente competitivo, com consumidores exigentes interagindo com organizações conectadas, movidas pelo conhecimento. Finalmente, o capítulo se concentra nas práticas de *marketing* de turismo contemporâneo que serão essenciais para o sucesso nesse ambiente. Essas práticas são baseadas em informações de mercado conduzidas por pesquisas, que demonstram um profundo conhecimento do consumidor; *marketing* de relacionamento concentrando-se no "valor vitalício" (VV) de um relacionamento contínuo com atores de mercado; o imperativo para inovação por meio do Desenvolvimento de Novos Produtos (DNP); o uso inteligente de tecnologia para estabelecer relacionamentos com clientes; e, finalmente, a evolução do turismo rumo ao *marketing* social. Isso exige que o profissional reconheça as necessidades mais amplas da sociedade, por meio do comportamento ético e socialmente responsável.

DEFINIÇÕES E ABORDAGENS DO *MARKETING* DO TURISMO CONTEMPORÂNEO

O *marketing*, como conceito, está evoluindo de forma rápida e interessante para o turismo. Há uma tendência crescente de conceituar o *marketing* mais baseado em serviços, que em bens físicos. Há muitas definições de *marketing* e todas elas se concentram em torno da necessidade de identificar e de suprir as necessidades dos clientes. Inevitavelmente, as definições refletem o pensamento que tem prevalecido, por exemplo, enfatizando o gerenciamento da função de *marketing*. Mais recentemente, o foco está sobre muitos atores no mercado. As definições de Kotler et al., (2003) são as mais comumente usadas:

Mercado é:

> um conjunto de compradores reais e potenciais, que poderiam negociar com um vendedor. Esse mercado pode ser um espaço físico ou virtual. (Kotler et al., 2003: 20).

Marketing é:

um processo social e gerencial por meio do qual indivíduos e grupos obtêm o que precisam e querem, por meio da criação e da troca de produtos e valores com outros. (Kotler et al., 2003: 12).

Essas definições funcionam para o turismo à medida que incluem o setor sem fins lucrativos, tais como as Organizações de *Marketing* de Destino (OMD), mas não perdem de vista dois conceitos centrais do *marketing* – o de troca e o imperativo para suprir as necessidades do cliente:

1. o conceito de troca declara que esta ocorre quando as partes concordam sobre a negociação e reconhecem que, sem ela, sua situação será pior – o que, portanto, implica que a troca cria valor. As negociações são o modo pelo qual os gestores do *marketing* de turismo coordenam a troca. Os relacionamentos no mercado de turismo levam a trocas e naturalmente conduzem ao conceito de *marketing* de relacionamento, no qual a promoção do relacionamento é mais importante que as trocas, simplesmente. Dada a natureza do turismo como produto de alto envolvimento, o *marketing* de relacionamento desempenha um papel importante;

2. o processo de identificação e de suprimento das necessidades do consumidor está no cerne do *marketing* de turismo. O conceito de *marketing* está bastante centrado na entrega de valor ao consumidor, visto como a diferença nos benefícios que este recebe a partir do produto e dos custos para obtenção do produto. Há uma diferença fundamental entre *marketing* de turismo e *marketing* de bens físicos.

Para o turismo, uma orientação de *marketing* implica que uma organização tem quatro características:

1. uma filosofia de *marketing* dominante, que demonstra um foco inabalável no consumidor e que é apoiada por pesquisa;

2. ela encoraja troca e fortalece suas redes de relacionamento e a lealdade, por meio do reconhecimento da importância do desenvolvimento de relações de longo prazo com clientes;

3. um processo de pensamento que aceita que o planejamento estratégico e o tático andam de mãos dadas e inclui uma tolerância para com o pensamento inovador;

4. ela demonstra uma estrutura organizacional integrada, adequada aos objetivos da organização, que comunica valor ao consumidor por meio de atividades *business-to-customer* (da empresa para o consumidor) e *business-to-business* (empresa-empresa, sejam elas públicas ou privadas).

O caminho para a execução dessas atividades é mostrado na **Tabela 4.1**.

Tabela 4.1 — O modelo do processo de estágio sequenciado

Geração da ideia	Ideia	
	Porta 2	Tela inicial
Investigação preliminar	Estágio 1	
	Porta 2	Segunda tela
Investigação detalhada (caso de negócio)	Estágio 2	
	Porta 3	Decisão sobre o caso de negócio
Desenvolvimento	Estágio 3	
	Porta 4	Revisão de pós-desenvolvimento
Teste e validação	Estágio 4	
	Porta 5	Revisão e análise de negócio na pós-comercialização
Produção e lançamento no mercado	Estágio 4	
	PIR	Revisão de pós-implementação

EVOLUÇÃO RUMO A UMA ABORDAGEM DE *MARKETING* DE SERVIÇOS

Sendo o mercado de serviços vasto e diversificado, há visões opostas da evolução de *marketing* direcionado à área.

Evolução por orientação da produção

Alguns autores têm identificado estágios-chave da evolução do *marketing* em termos da orientação para a produção (veja, por exemplo, Kotler et al., 2003; Cooper et al., 2005). Esses estágios são:

- *orientação para a produção*: a industrialização do turismo nas décadas de 1960 e 1970 viu um foco sobre a confecção de produtos disponíveis (camas para hotéis ou assentos de aeronave) criando uma abordagem de olhar interno do produtor que não necessitava considerar o consumidor;

- *orientação para as vendas*: uma vez que o produto estava disponível, a ênfase mudou no sentido de assegurar as vendas. O foco concentrou-se na troca, e não na construção de um relacionamento de longo prazo, simplesmente persuadindo consumidores a comprar, ao invés de entender o processo de tomada de decisão;

- *orientação para o marketing*: a abordagem de *marketing* é conduzida por pesquisa para se entender o consumidor em um mercado competitivo. Muitas organizações de turismo ainda têm de se deslocar para esse estágio, particularmente os pequenos negócios (PN);
- *marketing social*: aqui o *marketing* é feito de modo a "manter ou melhorar o bem-estar do consumidor e da sociedade" (Kotler et al., 2003: 25). Ele leva em consideração as necessidades mais abrangentes da sociedade, e não apenas do consumidor, e é exemplificado pelo movimento na direção da Responsabilidade Social Corporativa (RSC), que é tratado no final deste capítulo.

Evolução por meio do pensamento de *marketing*

A segunda abordagem em relação à evolução tem sido explorada por Vargo e Lusch (2004). Eles representam graficamente a evolução do pensamento de *marketing* e demonstram como ele mudou de um extremo para outro:

1. para o pensamento do século XIX, o *marketing* se baseava no princípio de troca herdado da economia, que se concentra na unidade de produtividade e coloca o "bem" no centro do palco. Quando o *marketing* se baseia em bens, concentra-se na tangibilidade, no valor embutido e nas transações;
2. um novo paradigma emergiu nas décadas de 1970 e 1980, que via os serviços como diferenciados dos bens. Esse pensamento contemporâneo alterou o pensamento de *marketing* para uma visão voltada para o serviço, segundo o qual os condutores-chave são a intangibilidade, a cocriação de valor e o *marketing* de relacionamento.

Vargo e Lusch (2004) articularam essa segunda abordagem como a lógica contemporânea do *marketing*, e ela é muito útil para o *marketing* do turismo contemporâneo. Eles declaram que, embora os quatro Ps sejam uma estrutura útil, eles na verdade não têm qualquer significado em uma época na qual o *marketing* é visto como uma força inovadora e adaptável, e onde o foco está sobre a natureza contínua do relacionamento entre todos os atores do mercado. Sua visão é compartilhada por Lovelock e Gummesson (2004), que concordam que a lógica dominante do *marketing* esteja refletida em uma ênfase sobre a prestação do serviço, um tema que enfatizamos em todo o livro.

No entanto, é perigoso levar essa tendência longe demais. Na verdade, uma visão madura reconhece que bens e serviços são parte da oferta de *marketing* e, de fato, o que tem ocorrido é mais uma mudança de paradigma, de uma abordagem manufatureira para uma centrada no cliente. Neste ponto, as organizações de turismo estão começando a colaborar, a se adaptar às necessidades do cliente e aprender com elas. Como Vargo e Lusch (2004) o veem, o valor é definido pelo cliente e cocriado com ele, ao invés de estar embutido na produtividade. Essa abordagem ao produto como a soma de serviços e de bens foi chamada de "abordagem molecular" por Shostack (1977). Ele vê os produtos como compostos por muitas partes, algumas tangíveis, outras intangíveis; em outras palavras, um amálgama que é exemplificado pela natureza fragmentada do produto turístico. Essa abordagem "molecular" permite aos gestores que gerenciem o produto total e percebam as sinergias entre as diversas partes do amálgama.

No entanto, questionamos se o *marketing* do turismo contemporâneo assimilou plenamente essas ideias. No turismo, as tradições muito fortes de costume e prática, refletidas na natureza conservadora do setor, significam que as organizações estão, frequentemente, anos atrás de outros setores econômicos em termos do seu lugar nessas estruturas evolutivas. Sugerimos que o *marketing* de turismo permanece enraizado no século XX e em abordagens tradicionais. Isso se deve em parte à tradição de promover gestores às suas posições sem educá-los para a visão de que os produtos turísticos precisam, de algum modo, de uma abordagem diferente. Outro ponto foi a adoção tardia de tecnologia no setor. No entanto, à medida que o mercado de turismo amadurecer, haverá menos lugar para empreendedores convencionais e os gestores de *marketing* profissionais serão mais demandados. A questão então será se o setor de turismo tem a capacidade profissional e técnica para lidar com o ambiente de *marketing* contemporâneo.

O AMBIENTE DO *MARKETING* CONTEMPORÂNEO PARA O TURISMO

No século XXI, o setor de turismo opera dentro de um ambiente turbulento, de crescimento rápido e imprevisível. Além disso, avanços tecnológicos comprimiram o tempo, novos produtos estão disponíveis instantaneamente e há mudanças fundamentais no modo como os produtos turísticos são promovidos e distribuídos. Além de tudo isso, há as preocupações sobre segurança após o 11 de Setembro e suas consequências nas duas guerras (Iraque e Afeganistão), a disseminação do terrorismo pelos extremistas no mundo islâmico e, a partir de janeiro de 2011, a recente onda de instabilidade nos países islâmicos do norte da África e Oriente Médio. Em termos de negócios, há uma falta de lealdade inerente nos mercados de turismo, conduzidos por preço e os desafios de um ambiente rico em conhecimento. Esses mercados amadurecem e se fragmentam à medida que o crescimento diminui de velocidade e a competição aumenta e são marcados pelo paradoxo de que boa parte dos produtos no turismo está localizada em instalações fixas, tais como hotéis ou parques temáticos, enquanto a demanda é inconstante e estável. Esta seção está estruturada usando as quatro características do ambiente de *marketing* contemporâneo, de Day e Montgomery (1999):

1. consumidores exigentes e poderosos;
2. mercados globalizantes;
3. organizações adaptáveis;
4. economia do conhecimento conectado.

Consumidores exigentes e poderosos

O mercado do turismo contemporâneo é definido pelo "pós-turista", conforme observado no capítulo 2. São viajantes exigentes, poderosos e versados, que entendem o setor e como levar vantagem em destinos e flexibilidade de preço. Como consequência da fragmentação de fornecimento, tecnologia e Desenvolvimento de Novos Produtos (DNP), consumidores têm mais escolha e mais maneiras de adquirir turismo. Esse grupo dispõe de pouco tempo e exige entrega imediata (*on-line*) de produtos e de serviços turísticos com alto padrão de qualidade. Como grupo, eles querem mais controle, são menos passivos no processo de *marketing* e efetivamente são as pessoas e grupos ideais para trabalhar em conjunto na cocriação de produtos.

No entanto, suas características significam que modelos tradicionais de comportamento e de segmentação do consumidor tornaram-se inadequados. Profissionais de mercado de turismo devem desenvolver novas maneiras de entender esses consumidores por meio de pesquisas bem-estruturadas. O imperativo de entender o novo consumidor, e de trabalhar com ele na cocriação de produtos, é claramente ilustrado no estudo de caso a seguir.

Mercados globalizantes

Embora o turismo sempre tenha sido um *setor ou "indústria" internacional*, ele não tem demonstrado necessariamente as características de um *setor ou "indústria" global*. Essa realidade global inclui o crescimento de grandes empresas multinacionais, o movimento de recursos entre fronteiras e a crescente permeabilidade dessas fronteiras à medida que entramos em um "mundo sem fronteiras". A globalização é testemunha de mercados nacionais distintos se desfazendo para se tornarem mercados mundialmente conectados, abastecidos pela homogeneização de necessidades do cliente e de baixos custos de transporte. Os mercados turísticos na Ásia e na Oceania são bons exemplos. A globalização provoca duas forças opostas no ambiente do mercado de turismo contemporâneo:

1. a homogeneização das preferências do cliente com convergência de comunicação e o *marketing* de massa de marcas e de estilos de vida;
2. a fragmentação, à medida que os mercados de massa se dividem em mercados moleculares, em segmentos cada vez menores.

Quando começou a globalização? Segundo vários autores, entre o século XVI e a década de 1970, o que significa que não há muito consenso a respeito. Certamente a primeira grande expansão do capitalismo europeu ocorreu no início do século XVI, no período das grandes navegações portuguesas e espanholas. No século XIX houve outra grande expansão do comércio e dos investimentos globais, até a eclosão da Primeira Guerra Mundial (1914-1918) e da Grande Depressão da década de 1930, período no qual o processo foi interrompido. Muitos analistas pensam que o mundo intensificou sua unificação ainda no século XIX, a partir do estabelecimento dos fusos horários e da Linha Internacional de Data, juntamente com a adoção do calendário gregoriano, no período compreendido entre 1875 e 1925. Nesse período foram ainda adotados padrões internacionais para telegrafia e sinalização (especialmente para transportes e operações bélicas ou comerciais).

O final da Segunda Guerra Mundial (1939-1945) trouxe outra onda de expansão do capitalismo, com o desenvolvimento das empresas multinacionais. O período pós--Segunda Guerra foi marcado pela divisão bipolar do planeta entre o capitalismo e o socialismo, gerando a Guerra Fria (1947-1991). Esse período viu também a emancipação das colônias europeias na África e na Ásia e o desenvolvimento das comunicações e do transporte aéreo global, que criaram novas possibilidades para o comércio e os negócios mundiais e originou o turismo de massa conforme é conhecido hoje. O fim dos regimes socialistas na Europa Oriental, a queda do Muro de Berlim e o colapso da ex-União Soviética encerraram a Guerra Fria e selaram a complicada vitória do capitalismo global (Trigo e Panosso, 2009, p. 35).

O desenvolvimento das novas tecnologias de telecomunicações, expressando na internet uma de suas maiores possibilidades, tornou possível uma organização de negócios e de troca de informações em escala global que facilitou ainda mais os acessos para milhões de pessoas. Informações em grande escala com maior rapidez e economia – aí está o arcabouço da chamada sociedade de informação, uma das facetas das sociedades pós-industriais e da própria globalização. Tendo como plataforma a teia de telecomunicações, informações e transportes, o setor de turismo diversificou-se e espalhou-se por várias regiões do planeta, não apenas sendo influenciado, mas também influenciando o processo de globalização.

A economia do conhecimento conectado

O ambiente do *marketing* de turismo contemporâneo é caracterizado pelas redes interorganizacionais nas cadeias e destinos de valor turístico. Ele enfatiza a importância da colaboração entre organizações de *marketing* e a necessidade de formar alianças e parcerias. Mais que a maioria dos setores econômicos, a entrega do produto turístico envolve o desenvolvimento de colaboração formal e informal, parcerias e redes de relacionamento. Na cadeia de valor e nos destinos, grupos de fornecedores independentes, articulados livremente, se unem para entregar o produto completo, no prazo e com padrões de alta qualidade. Essas redes de conexões cooperativas e concorrentes são usadas para trocar conhecimento e recursos, visando vantagens competitivas. No entanto, o crescimento de alianças, particularmente as que cruzam fronteiras, significa que os mercados estão se fundindo em outras indústrias (tais como tecnologia) e, como consequência, concorrentes no mercado de turismo estão emergindo a partir de fontes improváveis – empresas guiadas por tecnologia como *sites* de reservas de aviões e hotéis são bons exemplos. Finalmente, essas organizações tornaram-se aprendizes. Usando tecnologia, elas lembram dos consumidores e suas demandas, aprendendo mais e mais com cada interação que fica armazenada em seu banco de memórias. Elas tomam decisões baseadas mais em fatos que em conjecturas e estão desenvolvendo bases de dados que capturam estrutura, respostas e economia de mercado.

Organizações adaptáveis

Exige-se um tipo particular de organização para ser bem-sucedido no ambiente de *marketing* de turismo contemporâneo. Neste sentido, Achrol (1991) anteviu o sucesso nesse ambiente, baseado em organizações que agem a partir de unificações e de troca, e que são ambidestras e muito flexíveis para lidar com os ambientes complexos e dinâmicos de tarefas. Ele vê essas organizações como centro de redes complexas, com gerenciamento que transpõe fronteiras. Em muitos sentidos, essas organizações têm fortes analogias com destinos. As organizações de Achrol (1991) são de dois tipos:

1. *empresas de troca de mercado*: organizadas em torno de consumidores e de mercados – efetivamente um grande sistema de informação de *marketing*, intermediação, necessidades do cliente, produtos e serviços de *marketing*. Varredura ambiental e mecanismos de adaptação são conduzidos pelos consumidores e pelo mercado. A qualidade de sua rede de informação de mercado será a fonte principal de poder coordenador;

2. *empresas de coalisão de* marketing: elas se adaptam ao ambiente turbulento, desenvolvendo muitas formas diferentes de organizações funcionalmente especializadas, trabalhando com alianças. Cada organização é adaptada a circunstâncias particulares, exemplificada por operadores especializados em excursões, que exploram diferentes elementos de fornecimento em diferentes ocasiões para customizar seu produto.

Ambos os tipos de organização precisam estar ligados à pulsação de seus mercados com flexibilidade para reagir com customização e velocidade. Isso exigirá organizações horizontais, que dependam das habilidades e das competências de seus funcionários. Embora esse ainda seja um formato pouco comum para muitas organizações turísticas, ele se tornará o modelo para o futuro, baseado em redes de relacionamentos, conhecimento e flexibilidade.

A PRÁTICA DO *MARKETING* DE TURISMO CONTEMPORÂNEO

Dadas as características do ambiente de *marketing* de turismo contemporâneo, quais são as técnicas e abordagens-chave que os profissionais de mercado de turismo precisam utilizar no século XXI? A parte final deste capítulo examina cinco dessas abordagens:

1. informação de mercado de turismo conduzida por pesquisa;

2. *marketing* de relacionamento;

3. uso da tecnologia;

4. desenvolvimento de novo produto turístico;

5. RSC e *marketing* ético.

Informação de mercado de turismo conduzida por pesquisa

Desenvolver um sistema de informação de *marketing* de turismo – ou uma abordagem de Gerenciamento de Conhecimento (GC) – é vital, ainda que raro, para a maioria das organizações turísticas. Esse sistema envolve acesso a necessidades de informação, e então o desenvolvimento e a busca dessa informação para apoiar decisões e suprir prioridades estratégicas. Há uma variedade de fontes de informação de mercado disponíveis para o profissional de mercado, que inclui:

- registros internos, tais como históricos de hóspedes, formulários de comentários ou entrevistas pessoais;

- fontes externas de inteligência de mercado, tais como informações do concorrente. No turismo, boa parte delas e a composição de seus produtos está facilmente disponível por meio de relatórios e *sites* na internet. Cada vez mais, por causa da explosão de informação, as organizações turísticas colocam mais ênfase na inteligência de mercado, frequentemente, a partir de fontes secundárias, ao invés de se engajarem no exercício caro de coleta de dados primários;

- pesquisa profunda e significativa é a chave para a compreensão do consumidor de turismo contemporâneo e suas necessidades. Ela informa ao profissional de mercado quando e como intervir no processo de decisão da aquisição. A pesquisa de *marketing* é, portanto, um elemento-chave no campo total do mercado da informação. Ela liga o consumidor ao profissional de mercado por meio da informação que é usada para:

    - identificar e definir oportunidades e problemas de *marketing*;
    - gerar, refinar e avaliar ações de *marketing*;
    - melhorar a compreensão do *marketing* como processo;
    - mostrar como atividades de *marketing* específicas podem se tornar mais efetivas (Esomar, 1995: 4).

A pesquisa de *marketing*, e não a de mercado, é relativamente nova no turismo, comparada a outros setores econômicos. No turismo, a pesquisa sobre o comportamento do consumidor não é bem-desenvolvida, nem, está testando modelos. Há duas razões para isso:

1. o turismo em si é uma atividade difícil de pesquisar. Não somente o processo de aquisição de dados é altamente envolvente e tem um elemento emocional, mas também o turismo é uma atividade efêmera, que demanda a amostragem de uma população altamente variável. Isso significa que turistas podem ser entrevistados sobre suas férias, muitas semanas ou meses depois do evento. Além disso, o local da pesquisa turística é frequentemente barulhento – em aeroportos lotados ou outros locações turísticas. O processo de tomada de decisão sobre a viagem é também complexo e difícil de ser isolado para fins de pesquisa e, é claro, o turismo doméstico é mais difícil de mensurar que a viagem internacional, na medida em que nenhuma fronteira nacional é devidamente mensurada. Além desses problemas, permanece o debate sobre definições de

turismo, a abrangência do setor e as categorias que devem ser usadas nas perguntas de pesquisa (tais como para idade), conforme notamos no capítulo 1;

2. outra razão para a natureza contrária à pesquisa do setor de turismo se deve ao fato de que ele não sentiu a necessidade de pesquisa de *marketing* de turismo significante até recentemente. Devemos lembrar que a maioria das organizações é formada de pequenas empresas, com carência de recursos e treinamento formal para engajarem-se na pesquisa. A boa pesquisa de *marketing* é cara e, na maioria das vezes, mal-conduzida. A chave é o processo de geração de relatórios e a legibilidade da informação dada aos gestores. No turismo isso permanece um problema enorme, à medida que, frequentemente, os relatórios dos pesquisadores não foram personalizados para o seu público, ou o resultado da pesquisa é entregue a uma parte inapropriada da organização. Isso, na maioria das vezes, se deve à falta de compreensão das necessidades de pesquisa das diferentes áreas de atividade gerencial (Ritchie, 1994).

Contudo, a pesquisa contínua é parte integrante do sistema de informação de *marketing* das organizações turísticas contemporâneas. Ela comunica competitividade e rentabilidade, e é usada com dois propósitos principais.

Primeiramente, para entender os seguintes aspectos do comportamento do consumidor:

- análise e previsão de mercado – volumes, porções e receita;
- pesquisa do consumidor para segmentação e posicionamento – a medida quantitativa de perfis de cliente, consciência e hábitos de compra; e a medida qualitativa de atitudes e de percepções da organização turística e seus produtos;
- pesquisa de qualidade do serviço para monitorar padrões de serviço e satisfação.

Segundo, ela é usada para apoiar decisões sobre novos produtos e novas oportunidades de produto, como:

- estudos de produto e preço: formulação do produto, determinação de preço, teste do consumidor e análise de sensibilidade do preço;
- análise de investimento para novos produtos;
- promoções e pesquisa de vendas: eficiência de comunicação e reação do consumidor a vendas e propaganda;
- pesquisa de distribuição: consciência do distribuidor em relação aos produtos;
- monitoramento de avaliação e desempenho: para controle de *marketing*.

O futuro da informação de mercado conduzida por pesquisa

Há uma variedade de tendências futuras evidentes no mundo da pesquisa turística. Primeiro, está a necessidade por uma compreensão mais profunda do turista contemporâneo. Aqui, Swarbrooke e Horner (2004) recomendam uma agenda de dez pontos para a compreensão do comportamento do consumidor de turismo. Eles dizem que a pesquisa deveria, primeiramente:

1. focar nas decisões de compras turísticas;
2. focar nas percepções de destinos e produtos;
3. melhorar o uso de pesquisa qualitativa;
4. compreender a percepção de qualidade dos turistas e sua satisfação com experiências turísticas;
5. desenvolver pesquisa longitudinal, para permitir comparações temporais;
6. assegurar que as técnicas de segmentação de mercado sejam conduzidas por pesquisa;
7. pesquisar a avaliação de produtos concorrentes pelos turistas;
8. pesquisar as razões para a não aquisição;
9. pesquisar diferenças culturais e geográficas no comportamento turístico;
10. explorar as ligações entre modelos de comportamento do consumidor de turismo em outros setores da economia.

Em segundo lugar, o *marketing* turístico se beneficiaria a partir de uma abordagem séria à pesquisa turística. Ela asseguraria que as pesquisas do setor acadêmico, privado ou do governo fossem usadas para reunir um banco de conhecimento de fontes complementares e projetos de pesquisa que se concentrariam em compreender as 10 áreas prioritárias de Swarbrooke e Horner.

Em terceiro lugar, a pesquisa de *marketing* de turismo está explorando mais técnicas qualitativas, tais como foco em grupos, pesquisa incidente crítica e análises *Delphi*. Essas técnicas são usadas para desenvolver, classificar e posicionar produtos e para entender o consumidor e o uso que ele faz dos produtos. Há também um uso maior de fontes secundárias à medida que o setor público é cada vez mais convocado a fornecer dados, a partir de grandes questionários turísticos, de forma a permitir uma reanálise.

Em quarto lugar, a tecnologia mudou radicalmente a pesquisa turística por meio da habilidade de computadores lidarem com análise complexa de dados e conjuntos complexos de escolha de comportamento do consumidor. Além disso, a internet e o *e-mail* oferecem um novo e surpreendente canal de coleta e de disseminação de informação de mercado. Isso, no entanto, suscita questões éticas e técnicas, e leva ao desenvolvimento de novos códigos de conduta e de interesse por responsabilidades éticas de pesquisadores (veja, por exemplo, Esomar, 1995). Pesquisas baseadas na *web* podem ser combinadas com pacotes de análises de questionários fáceis de usar, a fim de permitir que as organizações turísticas ultrapassem as empresas de pesquisa comercial. Isso implica em economia de custos, bem como em mais pesquisas e relatórios sob medida.

Empresas de cruzeiros marítimos, hotelaria, operadoras turísticas como a CVC, companhias de aluguel de carros, empresas de cartões de crédito e de varejo ou alimentação usam esses bancos de dados, obtidos graças a pesquisas diretamente aos clientes ou análise de seus gastos para formar perfis de clientes. Os programas de fidelização dependem desses dados não só para controlar a acesso aos benefícios, mas também, em um patamar mais sofisticado, para direcionar estratégias de *marketing* de acordo com o perfil dos consumidores cadastrados e seus hábitos de consumo, gastos e gostos.

Marketing de relacionamento

Uma estratégia-chave na abordagem de *marketing* de Vargo e Lusch (2004) é a do estabelecimento de relacionamentos por meio das redes de *marketing* de uma organização. Para profissionais do mercado de turismo, o *marketing* de relacionamento desempenha um papel cada vez mais importante. Kotler et al., definem *marketing* de relacionamento como "criar, manter e aumentar relacionamentos vigorosos com clientes" (2003: 390).

O *marketing* de relacionamento difere do transacional porque:

- adota uma visão de longo prazo;
- enfatiza o relacionamento, e não a negociação;
- concentra-se na confiança, na parceria e na pesquisa de características dos clientes.

O *marketing* de relacionamento está adaptado de maneira ideal ao novo paradigma de *marketing* e ao turismo. Está adaptado ao turismo à medida que o cliente controla a seleção do fornecedor, as trocas de marcas são comuns e a propaganda boca a boca é um meio promocional poderoso. Ele também reconhece que as organizações de turismo devem trabalhar em prol da construção do valor vitalício (VV) de um relacionamento. Isso permite às organizações construírem "equidade de clientes", representando a soma dos VVs dos clientes das organizações. Como consequência, uma das chaves para o sucesso das organizações de turismo é a identificação perspicaz dos diversos grupos de clientes. A outra é o reconhecimento de que clientes regulares nem sempre são lucrativos, pois a construção de relacionamento é que produzirá a verdadeira lealdade. Por sua vez, isso gerará crescimento e lucratividade organizacionais, pois os custos de aquisição do cliente serão reduzidos. Como Kotler et al., (2003) declaram, a satisfação do cliente é um pré-requisito para a lealdade, que pode ser construída por meio do *marketing* de relacionamento. Abordagens de "ligação com o cliente" que são usadas no turismo incluem:

1. incentivos financeiros, tais como frequentes programas pilotos, frequentes planos de hóspedes e clientes preferenciais para aluguel de carros;

2. benefícios sociais, tais como o fornecimento de um comprador pessoal ou um executivo-chave que é aplicado ao cliente;

3. estabelecimento de laços estruturais, tais como sistemas de reserva atados a fornecedores ou clientes particulares.

O uso da tecnologia

A internet influenciou todos os aspectos do negócio de turismo contemporâneo e mudou a cultura e o comportamento em relação a como as pessoas compram, buscam e se comunicam. Ela conecta empresas, clientes e governos com custo baixo e sem restrições de tempo ou de espaço, sendo uma ferramenta de *marketing* para quebra de paradigmas porque tem vantagens significativas sobre a mídia de comunicação tradicional, como alcance, baixo custo, riqueza, velocidade de comunicação e interatividade.

À medida que a tecnologia se desenvolve, causa profundo impacto sobre como o *marketing* é praticado. Na verdade, a tecnologia facilita muitos processos no novo paradigma de *marketing* e estabelecimento de relacionamentos e cocriação. Eles incluem comunicação com o cliente, interatividade, ferramentas para pesquisa, armazenamento massivo de dados e a habilidade de estabelecer, rastrear e manter relacionamentos.

A tecnologia criou uma nova indústria de *marketing* – o *e-marketing*, definido como a promoção de um produto turístico, serviço de empresa ou *website on-line*. Ela também fornece um meio e um mecanismo de entrega para consumidores reunirem informações e decidirem sobre a compra.

O *e-marketing* se aplica de maneira ideal ao turismo. Ele permite o desenvolvimento de brochuras *on-line* com um rico conteúdo multimídia, combinar textos, imagens, som e vídeo no mesmo documento para superar a natureza intangível do produto. Por meio do vídeo e da interatividade, ele comunica a habilidade *test-drive* do produto. Ele também possibilita mudar instantaneamente datas, preços e disponibilidade *on-line*, economizando a reimpressão de brochuras. A tecnologia também permite às organizações que se direcionem aos clientes individualmente, por meio de mensagens customizadas, utilizem *e-mail* e *web links* para engajar-se no "*marketing* viral" e, é claro, a internet dá aos pequenos negócios e aos destinos um grau inusitado de alcance de mercado global.

O *e-marketing* no turismo tem como objetivo gerar tráfego no *site* de uma organização para atrair o cliente e converter esse tráfego em vendas. Há uma variedade de mecanismos de aproximação do cliente que inclui contagem e análise do número de visitas, o tempo da visita e quais páginas foram visitadas.

O *e-marketing* envolve três princípios-chave (*Nova Scotia Tourism Partnership Council*, 2003):

1. gerar tráfego para o *site*;
2. atrair o consumidor ao *site*;
3. converter a visita em reserva ou venda.

Gerando tráfego

Clientes novos e que retornam visitarão o *site* de uma organização turística. Eles podem ser atraídos por meio da mídia tradicional ou dirigidos por outras atividades de *marketing on-line*.

Atraindo o cliente

O bom *e-marketing* fornece conteúdo e *links* para agregar valor a clientes e assim iniciar o processo de interação com eles. Ele assegura que o cliente use o *site* e esse deve ser tão intuitivo e útil quanto possível. Isso pode ser medido pelo tempo que ele gasta no *site*, no retorno *on-line* e no *marketing* viral por meio dos links que ele acessa.

Conversão

A conversão é o produto mensurável do *marketing on-line* e é medida pelo número de *links* acessados, pelo aumento na consciência de um destino ou das reservas/vendas propriamente ditas.

Tem havido um grande impacto da tecnologia sobre o canal de distribuição turístico. Liu (2000) nota que a distribuição eletrônica tem várias vantagens:

- drástica redução de custos obtidos por meio do processamento eletrônico de reservas (tais como *e-tickets* e confirmações) e de outras transações;
- automação, reduzindo os custos empregatícios e o espaço do escritório;
- *links* diretos e pessoais com o cliente;
- estímulo à distribuição conduzida pelo cliente por meio de *blogs* e *sites* (tais como mytripadvisor.com).

É claro que a distribuição eletrônica tem dizimado intermediários tradicionais como "agentes de viagem físicos". Operadores de excursão, por outro lado, estão se reinventando com a habilidade de empacotar o produto com flexibilidade e lidar diretamente com seus clientes. Isso mostra que a distribuição eletrônica funciona bem para o turismo em que o produto é fragmentado e os portais na internet permitem às empresas fornecer e oferecer uma montagem dinâmica de todos os elementos do produto (Travelocity e Expedia são bons exemplos). Buhalis (2003) sugere que, no futuro, os operadores de excursão se encaixem em dois grupos distintos:

1. operadores multinacionais, grandes e verticalmente integrados com economias de escala, ampla distribuição e uma rede global, fazendo uma abordagem de alto volume e baixa lucratividade;
2. operadores pequenos, de nichos diferenciados, concentrando-se em destinos ou produtos particulares, fazendo uma abordagem de baixo volume e alta lucratividade.

A despeito das vantagens óbvias de seu uso, a tecnologia traz certas limitações quando usada no *marketing*. Por exemplo, há preocupações quanto à segurança da informação financeira e da identidade pessoal. A maioria dos *sites* está em inglês ou em outras línguas estrangeiras, criando barreiras ao acesso e, em alguns países, o acesso à internet tem um alto custo. No futuro, os limites para essa tecnologia serão econômicos, em termos de investimento; humanos, em termos de atitude e de hábitos; e tecnológicos, em termos do poder da computação, do armazenamento e da largura de banda.

A convergência digital fornecerá o uso sobreposto e onipresente dos sistemas de computadores com outros recursos, tais como sistemas de entretenimento, telefones celulares, PDAs, tocadores de MP3 e outros dispositivos. Para o turismo, um dos potenciais mais empolgantes de *marketing* é o uso de aparelhos móveis para entregar mensagens e informações.

Desenvolvimento de novo produto turístico

Um imperativo para o *marketing* de turismo contemporâneo é a inovação através do Desenvolvimento de Novo Produto (DNP). A mudança de gostos, a tecnologia e o aumento da competitividade significam que o DNP no turismo é vital. À medida que os produtos e os destinos progridem por meio do ciclo da vida, eles precisam ser continuamente renovados e revitalizados. Moutinho (1994) declara que novos produtos mantêm as organizações turísticas dinâmicas, gerando mais receita, competitividade, facilitando o posicionamento no mercado, a diversificação e o crescimento. Recusar-se a correr risco é não atender às demandas do consumidor, deixando de assimilar novas tecnologias, e manter-se atualizado em relação à concorrência.

No ambiente de *marketing* de turismo contemporâneo, há duas pressões da concorrência que impulsionam a inovação:

1. competição, complexidade e diferenciação crescentes do mercado;
2. tempos de execução menores e ciclos de vida mais curtos.

Hodgson (1990) declara que o turismo tem várias características distintas, que precisam ser consideradas quando novos produtos são desenvolvidos. Como consequência, os processos e estágios clássicos do DNP nem sempre são apropriados. As características distintas do turismo são dadas abaixo:

1. a regulamentação governamental de produtos como rotas aéreas e tarifas tira as decisões de *marketing* da organização turística;
2. a propriedade e o controle públicos dos recursos turísticos significam que muitos destinos e organizações não estão concentrados puramente no comérco;
3. a natureza introvertida de muitas empresas e organizações agem como uma limitação ao DNP;
4. a natureza intangível do produto turístico significa que é difícil testar e comunicar, e muito mais fácil copiar;
5. muitas organizações turísticas são avessas à pesquisa e não têm conhecimento suficiente para o DNP, nem a habilidade para monitorar o sucesso do DNP.

Isso significa que, para muitos produtos turísticos, o modelo clássico escalonado de DNP é mais bem-substituído com o processo de estágios sequenciados, que coloca um elemento mais forte de controle de risco em cada etapa do desenvolvimento, e é cada vez mais o preferido pelos profissionais. As vantagens desse processo são as de que ele permite que uma decisão seja tomada a cada etapa, tem um número menor de estágios que o modelo clássico escalonado, e é mais apropriado à abordagem do *marketing* contemporâneo porque pode facilmente cruzar fronteiras organizacionais de finanças e *marketing*.

Uma importante consideração para o DNP no turismo é a habilidade da organização de integrar o processo e o resultado do DNP aos produtos existentes e à estratégia de *marketing* da organização. Essa ação também deve considerar o novo produto e seu lugar no mercado. Isso dependerá:

1. *da renovação do produto*: há uma gama de produtos completamente novos e complementares aos existentes – quanto mais novo, maior a falta de conhecimento do cliente em relação a ele, e assim, maior o risco de desenvolvimento. No turismo, há poucos produtos verdadeiramente novos que demandam uma campanha de *marketing* completamente nova. Na verdade, porque muitas organizações seguem um caminho de aversão ao risco, a verdadeira inovação do produto frequentemente acontece fora do setor turístico propriamente dito;

2. *da complexidade do produto*: a complexidade é medida pela tecnologia, pelo número de elementos do produto, pelas funções e interfaces com clientes e fornecedores;

3. *das restrições comerciais*: elas incluem o investimento disponível para o DNP, a pressão do consumidor por produtos "verdes" e a legislação. No turismo, novos produtos frequentemente têm maior capacidade. A nova geração de aeronaves Boeing e Airbus exigirá altos níveis de demanda por viabilidade, como aconteceu com o Airbus 380 e com o Boeing 787 Dreamliner.

Como resultado dessas pressões, Moutinho (1994) nota que muitos novos produtos no turismo fracassam devido a:

- má-avaliação da demanda do cliente;
- má-avaliação da concorrência.

Responsabilidade Social Corporativa e *marketing* ético

Responsabilidade Social Corporativa

No início deste capítulo, identificamos uma evolução do *marketing* na direção do "*marketing* social", que leva em consideração as necessidades mais amplas da sociedade, e não apenas as do consumidor. Um exemplo disso é o movimento na direção da Responsabilidade Social Corporativa (RSC). A RSC cresce no setor de turismo e tem sido conduzida por consumidores e pela pressão de grupo, mais que por profissionais de turismo. Ela representa uma mudança no foco de *marketing*, de uma ênfase exagerada em produtos lucrativos e no consumidor, para a condução do negócio conforme os interesses da sociedade na qual uma organização está baseada. O estudo de caso a seguir demonstra uma iniciativa internacional, fazendo progresso considerável na direção da RSC, na cadeia de fornecimento.

Marketing ético

Para uma organização turística, valores éticos são as suas crenças e padrões principais.

Talvez o conjunto de valores mais conhecido seja o código global de ética para o turismo, desenvolvido pela OMDNA (OMT, 2001). A ética pode estar relacionada a uma variedade de questões turísticas, tais como o impacto do turismo sobre o meio ambiente, as culturas e as comunidades; o *marketing* do *fast food*; a invasão de privacidade por meio do *telemarketing* ou do *marketing* viral; ou o impacto social do *marketing* do álcool.

Uma abordagem ética do mercado do turismo pode ser usada cinicamente para impedir o desenvolvimento da legislação aplicada, digamos, ao jogo responsável. No entanto, não há dúvida de que o mercado do turismo ético também atrai grupos particulares de consumidores. Goodwin (2003) nota o crescimento da aquisição ética do turismo com um índice que remete à consciência de cidadania e valorização da própria ética no mercado.

Fennell (2006) questiona o quão fácil é para as organizações turísticas relacionar-se comercialmente com o turista ético. Ele pergunta se as férias éticas são apenas uma tática para aumentar as margens para certos grupos de mercado-alvo e para explorar uma tendência na sociedade. Frequentemente, a comunidade anfitriã está muito envolvida nessas excursões eticamente aceitáveis, porém podem na verdade ser exploradas. Em outras palavras, o mercado do turismo ético pode ser usado cinicamente para a obtenção de vantagem competitiva.

REVISÃO DO CAPÍTULO

Este capítulo começou tanto conceituando o *marketing* de turismo quanto envolvendo trocas de serviços e produtos e, ao mesmo tempo, foco no consumidor. Em termos de troca, a abordagem contemporânea exige um relacionamento contínuo com atores de *marketing*, e tem conduzido ao desenvolvimento do relacionamento de *marketing* e à noção da cocriação de produtos e de experiências com o consumidor. Isso leva ao foco no consumidor. Com o tempo, a teoria de *marketing* mudou do foco da produtividade na forma de bens físicos para a ideia de serviços, onde se articula a cocriação de valor e o estabelecimento de relacionamentos com os atores do mercado por meio do *marketing* de relacionamento. Para os profissionais de turismo, essas novas abordagens são dadas em um ambiente global turbulento e complexo. Esse ambiente é caracterizado por consumidores exigentes e poderosos, que estão demonstrando mudanças de geração na necessidade e nos desejos. Fornecedores, nesse ambiente, estão cada vez mais conectados em redes e são conduzidos pelo conhecimento, levando a um tipo particular de organização flexível e livremente estruturada, que está emergindo como uma maneira de competir nesse ambiente de *marketing* de turismo contemporâneo.

O capítulo concluiu considerando cinco práticas-chave de *marketing* contemporâneo. Na economia do conhecimento, nenhuma organização pode se dar ao luxo de ignorar as informações do mercado e de não ter uma compreensão profunda e significativa de seus consumidores. O turismo não tem um registro brilhante com relação a isso. Por sua vez, essas informações do mercado abastecem a prática do *marketing* de relacionamento onde o VV do relacionamento é visto como mais importante que as negociações individuais. É claro que a tecnologia, sobretudo a internet, tem facilitado essas práticas e continuará a impregnar o *marketing* de turismo contemporâneo à medida que o *e-marketing* amadurece sua própria tecnologia. O capítulo descreveu o imperativo de inovação do DNP e a necessidade de se estruturar e integrar cuidadosamente esse processo na organização. Finalmente, ilustramos o crescimento do *marketing* ético e o papel da RSC na cadeia de suprimento do turismo.

Tabela 4.2 — Uma estrutura para replanejamento do serviço

Conceito de replanejamento do serviço	Benefícios do cliente potencial	Benefícios da empresa potencial	Desafios/limitações
Autosserviço: o cliente assume o papel de produtor.	Aumenta a percepção do controle e a velocidade do serviço: melhora acesso; poupa dinheiro.	Reduz custo; melhora produtividade; aprimora reputação da tecnologia; diferencia empresa.	Requer preparação do cliente para o papel; limita a interação face a face entre cliente e empresa; cria dificuldade na obtenção de *feedback* do cliente e no estabelecimento de lealdade do cliente/relacionamentos.
Serviço direto: serviço entregue no local do cliente.	Aumenta a conveniência; melhora o acesso.	Elimina limitações de local de armazenamento; diferencia a empresa.	Cria fardos logísticos adicionais; pode exigir investimento caro; requer credibilidade/confiança.
Pré-serviço: ativação de canais de serviço.	Melhora a velocidade do serviço; aprimora a eficiência. Troca a tarefa do cliente para o provedor de serviço; separa ativação do serviço de entrega; customiza o serviço.	Melhora a habilidade de customização do serviço; aprimora a eficiência; aumenta a produtividade; diferencia a empresa.	Requer extraeducação do cliente e treinamento dos funcionários para implementar de maneira fácil e eficaz.
Serviço empacotado: combina serviços múltiplos dentro de um pacote.	Melhora a conveniência; customiza o serviço.	Cria oportunidade de cobrar preços mais altos; diferencia a empresa; auxilia na retenção do cliente; melhora o uso *percapita* do serviço.	Requer conhecimento vasto dos clientes-alvo; pode ser percebido como gasto desnecessário.
Serviço físico: Manipula os tangíveis associados ao serviço.	Aumenta a conveniência; aprimora a função; cultiva interesse.	Diferencia a empresa; melhora a satisfação do cliente; aumenta a produtividade.	Pode ser facilmente imitado; requer gasto para executar e manter; eleva a expectativa do cliente para a indústria.

Parte 3

O Destino do Turismo Contemporâneo

CAPÍTULO 5
Entregando o produto do turismo contemporâneo: o destino

OBJETIVOS DO CAPÍTULO

Depois de ler o capítulo, você deverá ser capaz de:

- entender os elementos principais que compõem o "lugar";
- entender os conceitos de paisagem, paisagem de serviço e paisagem de experiência;
- entender o conceito de recurso turístico e sua natureza dinâmica;
- reconhecer a base cultural para os recursos e atrações turísticas;
- identificar as atrações turísticas como um tipo específico de recurso turístico;
- identificar os desafios específicos enfrentados pelo gerenciamento do destino e pelas organizações de *marketing* com respeito ao controle do produto-destino.

INTRODUÇÃO: O CONCEITO DE DESTINO

A noção de destino está no cerne do turismo. O conceito de que as pessoas viajam de casa até um destino, permanecem ali por um período limitado de tempo e então retornam, é que explica os fenômenos turísticos. O conceito de destino é um dos mais importantes, embora também seja o mais complexo, dentre os aspectos do turismo. Ele é complexo porque as pessoas, incluindo os profissionais de *marketing* e pesquisadores, referem-se a destinos de diferentes escalas. Por exemplo, Metelka (1990: 46) definiu o destino como o "local geográfico para o qual uma pessoa está viajando"; Vukonic (1997) igualou o termo ao de um *resort*, enquanto Gunn, (1994: 107) viu o destino como uma "área de mercado de viagem" e referiu-se a zonas de destino como áreas geográficas que "contêm uma massa crítica de desenvolvimento que atende aos objetivos do viajante" (Gunn 1994: 27). Destinos turísticos são, portanto, descritos em diferentes escalas, que vão do campo às regiões, cidades ou *resorts*, áreas específicas e até mesmo atrações específicas que são visitadas pelos turistas. Um destino é um conceito espacial ou geográfico definido principalmente pelos visitantes de fora do local, embora muitos lugares busquem se tornar destinos para visitantes, a fim de conseguirem beneficiar-se economicamente com o turismo. Um destino, portanto, por definição, passa a existir em virtude das pessoas que o visitam. Se as pessoas de fora de um local não visitam um lugar, ele não é um destino. Essa afirmação parece comunicar o óbvio, mas na verdade trata-se de um ponto extremamente importante, porque nos força a perguntar: como os lugares se tornam destinos? E, como consequência disso, quais são as implicações de se tornar um destino?

As duas perguntas acima, portanto, servem como ponto focal. Este capítulo examina como os lugares se tornam destinos e quais os elementos que compõem um destino. Os capítulos seguintes examinam como os destinos contemporâneos são governados, gerenciados, planejados e comercializados.

DE LUGARES A DESTINOS

Três significados principais da ideia de lugar podem ser diferenciados, todos eles importantes para a compreensão da natureza dos destinos contemporâneos:

1. local;
2. localidade;
3. sentido de lugar.

Lugar como local

Em termos de localização, um lugar é um ponto específico sobre a superfície da terra (sem menosprezar o resto do universo). Isso significa que esse local tem coordenadas geográficas fixas, de modo que podemos encontrá-las nos mapas, e também nos ajuda a estabelecer a relação dos locais uns com os outros – Teresina é "ali", São Paulo é "aqui". É óbvio que mapear locais é importante para o turismo, mas o que é ainda mais importante é o local onde determinado lugar está em relação a outros, o que determinará o quão relativamente acessível ele é e, portanto, seu potencial mercado para visitantes.

Lugar como localidade

Esta ideia se refere ao lugar como um ambiente material ou físico para as relações, ações e interações sociais diárias das pessoas. Os aspectos físicos dos lugares são importantes em termos de sua capacidade de gerenciar visitantes, bem como de fornecer recursos e atrações aos turistas. O lugar, nesse sentido, não apenas se refere a ambientes urbanos, tais como bairros étnicos e áreas de artes e de patrimônio, mas também a paisagens, paisagens de serviço e paisagens de experiência.

Paisagens

Paisagens são uma ideia visual e se referem a como uma porção da superfície da Terra é vista. Consequentemente, na maioria das ideias de paisagem, ela é algo do qual o observador está fora, enquanto o lugar tende a ser algo no qual se está dentro. No entanto, as paisagens são claramente um elemento importante para a imagem do lugar, para os que estão fora – tais como os turistas –, e que eles podem então querer experimentar ou contemplar. A experiência da paisagem é determinada pelo pano de fundo cultural do consumidor e pelos processos ambientais, políticos e culturais que levam à criação de paisagens particulares.

Paisagens de serviço

Paisagens de serviço se referem à instalação física na qual um serviço é entregue e na qual o provedor do serviço (empresa ou outra organização) e o cliente interagem e a quaisquer mercadorias materiais ou tangíveis que facilitem o serviço (Bitner, 1992). A ideia de paisagens de serviço foi originariamente aplicada ao ambiente físico imediato fornecido por empresas, no qual elas buscavam usar princípios de planejamento para reforçar a marca, bem como fornecer encontros de serviço positivos. No entanto, para alguns negócios, particularmente no turismo, a paisagem de serviço de uma empresa é multilocalizada. Por exemplo, a paisagem de serviço para uma empresa aérea inclui não somente a aeronave, mas também a área de embarque e de atendimento, para chegada e partida. Além disso, para os que fazem reservas direto com as empresas aéreas, o portal da companhia de aviação na internet representa uma paisagem de serviço virtual, enquanto uniformes, alimentos e bilhetes também são elementos tangíveis da experiência do serviço. Algumas empresas, como as cadeias hoteleiras e de *fast-food*, por exemplo, apresentam suas paisagens de serviço virtualmente no mesmo formato, não importa qual a localização, a fim de reforçar sua apresentação como marca global. No entanto, para serem atrativas para os mercados locais, mudanças marginais podem ser feitas no desenho e na apresentação para atrair a atenção dos consumidores. Por exemplo, o desenho dos restaurantes do McDonald's tem passado por mudanças significativas ao redor do mundo, nos últimos anos, de modo que, embora ainda haja grande linearidade nos cardápios e nos procedimentos operacionais, há mais variedade no desenho. Contudo, existem também variações locais no cardápio. Por exemplo, em Israel, várias unidades servem Big Macs sem queijo, para permitir a separação da carne dos laticínios, exigida pela prática *kosher*, enquanto que, na Índia, o McDonald's serve McNuggets vegetais e um Maharaja Mac à base de carne de carneiro, para atender às exigências religiosas dos hindus (que não comem carne bovina), dos muçulmanos (que não comem carne de porco) e dos jainistas (que não comem carne de nenhuma espécie) (Watson, 1997). No Brasil, são servidos guaraná, torta de banana e um café da manhã com características bem brasileiras.

As paisagens de serviço de muitas empresas também são ambientes extremamente complexos. *Resorts* ou parques temáticos, por exemplo, têm muitos elementos de desenho que, em condições ideais, precisam ser reunidos para estabelecer uma paisagem de serviço coerente para o consumidor. Um destino turístico é tipicamente uma combinação de muitas imagens de serviço de diferentes empresas e suas instalações. Em alguns casos, as paisagens dentro das quais as paisagens de serviço de empresas estão embutidas também estão sujeitas ao controle e à regulamentação das autoridades do destino, a fim de satisfazer às percepções do consumidor. Por exemplo, a regulamentação do uso do solo é usada em muitas partes do mundo para manter as paisagens rurais de determinada maneira, do mesmo modo que em áreas de patrimônio há muitas vezes restrições à construção e ao projeto, para garantir que as novas estruturas estejam arquitetonicamente harmonizadas com as antigas. Essa disposição deliberada dos ambientes, para torná-los lugares mais atrativos como destino, é parte integrante da promoção, do *marketing* e do desenvolvimento de uma paisagem de serviço de um destino que transcenda as fronteiras de empresas individuais.

Paisagens de experiência

São as paisagens de experiência produzidas. São espaços físicos de produção e de consumo de mercado, nos quais experiências são encenadas e consumidas e são, de fato, paisagens amoldadas, planejadas estrategicamente e concebidas tendo imperativos de mercado como referência principal. De acordo com O'Dell (2005: 16), as paisagens de experiência "não são apenas organizadas pelos produtores (de profissionais na área e planejadores urbanos de iniciativas privadas locais), mas são também ativamente procuradas por consumidores. São espaços de lazer, diversão e entretenimento. Paisagens de experiência articulam as paisagens de serviço de diferentes empresas dentro de um local específico. Elas são um dos meios pelos quais o lugar é transformado em um produto destino porque são formatadas por meio de parcerias público-privadas. Em certo sentido, o desenho e a formatação de um lugar a fim de produzir um ambiente desejado de experiências é uma expressão lógica do que Pine e Gilmore (1999) mencionaram como "a economia da experiência", na qual "experiências conduzem a economia e, portanto, geram grande parte da demanda básica por bens e serviços" (Pine e Gilmore, 1999: 65). Exemplos de paisagens de experiência incluem praias temáticas e antigas áreas industriais transformadas em centros de compras ou lazer, embora muitas comunidades distintas previamente existentes possam ser transformadas em paisagens de experiência formatadas como resultado do desenvolvimento do destino e dos processos de promoção. O desenvolvimento temático de partes de uma cidade com fins de turismo e lazer é uma estratégia de turismo urbano extremamente comum. Muitas cidades, por exemplo, têm redutos chineses (*chinatowns*) ou outros bairros étnicos tais como uma "pequena Itália" ou "pequeno Japão", embora os processos sociais, políticos e econômicos que originariamente levaram à criação desses locais etnicamente distintos tenham se extinguido há muito tempo. Na verdade, um grande desafio nos destinos formatados é o de não danificar as características que os diferenciaram dos lugares vizinhos. Por exemplo, o bairro da Liberdade, em São Paulo, teve uma forte migração japonesa no início do século XX e transformou-se em reduto dessa etnia. Hoje o bairro acolhe ainda coreanos e chineses, tornando-se uma mescla de etnias e culturas orientais. O antigo bairro paulistano do Bom Retiro foi local de grande concentração de judeus e hoje tem uma comunidade coreana significativa, enquanto os judeus mudaram-se para Higienópolis.

Esses temas levantam questões sobre como as pessoas experimentam o lugar, e isso nos leva ao nosso terceiro significado de lugar.

Sentido de lugar

Esta é a expressão usada para fazer referência às ligações subjetivas, pessoais e emocionais, e aos relacionamentos que as pessoas têm com um lugar. A noção de sentido de lugar é normalmente aplicada no contexto das pessoas que vivem em base permanente em uma localidade e reflete como elas se sentem em relação às dimensões físicas e sociais de sua comunidade. As pessoas poderiam apenas conscientemente notar as qualidades únicas de seu lugar quando estivessem longe dele, quando ele fosse alterado rapidamente, ou quando fosse representado, comercializado ou promovido sem a participação delas. A partir dessa perspectiva, os sentidos de lugar são importantes ao examinarem-se as influências do desenvolvimento sobre um local, como mudanças relacionadas a turismo podem levar a mudanças no sentido de lugar, possivelmente gerando certo ressentimento para com o turismo e até mesmo para com os visitantes. No entanto, as pessoas podem ter múltiplos sentidos de "lugar", derivados dos vários lugares onde elas moraram ou que visitaram. Portanto, os turistas podem também desenvolver um sentido de lugar com respeito a destinos. Talvez a situação mais óbvia na qual isso ocorra seja quando os turistas têm uma segunda casa em uma localidade ou visitam o mesmo lugar regularmente. Em uma situação como essa, a segunda casa, frequentemente um lugar para relaxar, ter diversão e juntar os amigos, pode ser considerada mais como uma casa que o lugar de residência "permanente", particularmente quando essa segunda casa foi passada de geração a geração, pelos membros da família (Hall e Müller, 2004). No entanto, muitos visitantes sentem que ganham um sentido de lugar quando visitam destinos turísticos à medida que experimentam a paisagem e as pessoas. Além disso, alguns visitantes podem sentir que têm um sentido de lugar relacionado a um destino mesmo antes de o terem visitado, como resultado de reuniões com pessoas do lugar, de conversas pessoais e do que viram ou ouviram na mídia. No caso do Brasil, cidades como Rio de Janeiro ou Salvador têm um forte apelo no imaginário nacional e na mídia. É claro que o sentido de lugar de um visitante de determinado destino pode ser substancialmente diferente do de alguém que vive ali.

O recurso básico do turismo

A partir desta discussão, podemos identificar os vários elementos do lugar, alguns dos quais definidos para o consumo do visitante e que agem como recursos turísticos. Um recurso turístico é aquele componente do meio ambiente (físico ou social) que atrai o turista e/ou fornece a infraestrutura necessária para a experiência do turista (Hall, 2007: 34). Recursos turísticos podem ser categorizados como escassos (por exemplo, capital, trabalho, terra) ou gratuitos (por exemplo, clima, cultura). No entanto, os recursos são um conceito inteiramente subjetivo, relativo e funcional. O que na verdade constitui um recurso turístico depende das motivações, desejos e interesses do consumidor, e do contexto cultural, social, econômico e tecnológico em que essas motivações ocorrem. Para repetir as palavras sobre recursos da obra seminal de Zimmermann, frequentemente citadas, "recursos não são, eles se tornam; não são estáticos, e sim ampliam e contratam em resposta a desejos e ações humanas" (Zimmermann, 1951: 14). Um recurso turístico, portanto, se torna um recurso somente se for visto como tendo valor utilitário, e diferentes culturas e nacionalidades podem ter diferentes percepções do valor turístico do mesmo objeto. O que pode ser um recurso em uma cultura pode ser "matéria neutra" em outra. Ou, em outras palavras, o que pode ser uma atração turística em uma cultura ou em uma localidade pode não ser reconhecido como uma atração em outra.

Recursos turísticos podem abranger uma vasta gama de ambientes associados a diferentes características físicas, topográficas e climáticas. Por exemplo, pessoas de uma área rural no Rio Grande do Sul veem as vacas como um recurso agrícola, enquanto para visitantes das grandes cidades elas constituem um recurso turístico por serem elemento atrativo da paisagem. Do mesmo modo, para as pessoas que vivem em São Paulo ou no Rio de Janeiro, o metrô é principalmente um meio de deslocamento, embora para os visitantes, passear no metrô é uma atração por si só. Em outras palavras, para essas pessoas, o metrô representa um recurso turístico, bem como um meio de transporte. Na verdade, para muitos destinos, o desafio é o de transformar os recursos turísticos em mercadoria, a fim de se obter retorno econômico por seu uso. Uma atração turística é um tipo específico de recurso turístico. Uma atração é um recurso que turistas estão preparados para experimentar com o propósito de bancar sua viagem, por exemplo, provisão para hospedagem, transporte ou hospitalidade. A partir dessa perspectiva, um hotel no qual turistas passam a noite porque é conveniente não é uma atração, mas se os mesmos turistas escolherem passar a noite em um hotel específico por causa, por exemplo, de suas associações históricas, então ele é uma atração. Porque as atrações são um recurso turístico, isso significa que o que é atrativo para um turista pode não ser para outro. Algumas localidades são consideradas atrações em virtude do grande número de pessoas que as visitam e se tornaram "ícones" (Foz do Iguaçu, Fortaleza, Florianópolis) ou então porque são centros de negócios e comerciais (São Paulo, Porto Alegre, Brasília).

A classificação das atrações é, às vezes, determinada ao longo das seguintes linhas:

- *culturais ou artificiais*, por exemplo, vistas de áreas urbanas, museus e monumentos nacionais;
- *naturais*, por exemplo, áreas desertas e parques nacionais.

Recursos são dinâmicos. Novas tecnologias ou avaliações culturais podem levar ao reconhecimento de novos recursos turísticos. Por exemplo, o desenvolvimento de novas tecnologias recreacionais, como bicicleta para montanhas ou windsurfe, permitiu a criação de alguns locais de *resort* para superar limitações sazonais de inverno. Os recursos turísticos naturais são frequentemente sazonais, por natureza. Alguns destinos (por exemplo, praia, montanha, locais para esqui, caça ou pesca) são especialmente sazonais.

Alguns destinos buscam utilizar filmes e mídias como uma maneira de valorizar seus recursos e se posicionar por meio de determinadas imagens. Por exemplo, o turismo na Nova Zelândia auxiliou de forma intensa na promoção da trilogia O *Senhor dos Anéis*, e se promoveu como a "Terra Média" em grande parte de sua publicidade, em um esforço de reforçar as imagens naturais do país. O governo da Nova Zelândia gastou alguns milhões de dólares para promover o turismo. A importância da mídia na mudança das percepções sobre os destinos se reflete nos comentários do então ministro da pasta, Peter Hodgson, que notou que o filme tinha o potencial para dar uma nova marca à Nova Zelândia: "este filme brotou de um país onde a maioria dos observadores poderia se associar com ovelhas" (Campbell, 2001: 24).

Embora muitos destinos busquem influenciar proativamente sua imagem e a percepção de suas atrações e recursos, em muitos casos, os destinos têm de ser reativos, particularmente em tempos de desastres naturais (tsunami na Ásia, em 2004 ou no Japão, em 2011) ou de insegurança política (a convulsão política no mundo islâmico no início de 2011). O crescimento de mídias globais, como a internet e a televisão por satélite, comprovam que eventos em uma localidade podem ser vistos quase instantaneamente em outras partes do mundo. Portanto, tão importante quanto assegurar que os recursos físicos e culturais estejam em ordem para receber os visitantes é a gestão da informação.

A partir dessa compreensão dos recursos turísticos, podemos observar que, se um destino busca atrair turistas, ao menos quatro coisas precisam estar nele disponíveis:

1. recursos em forma de atrações físicas e culturais para induzir as pessoas à visita;
2. recursos em forma de instalações e serviços, incluindo-se recursos humanos, que os capacitam a permanecer no destino;
3. recursos em forma de infraestrutura e serviços, que tornam o destino acessível, assim como as várias atrações, instalações e serviços, dentro dos destinos;
4. provisão de informação, de modo que o consumidor na verdade saiba sobre o destino e seus recursos. A partir dessa perspectiva, a informação é também um recurso turístico e de passagem, no sentido de que cria consciência de outros tipos de recurso que o destino possui.

Uma vez que consumo e produção são simultâneos no turismo como indústria de serviço, além dos recursos do destino, os recursos do consumidor também são essenciais para que o turismo ocorra. Como o capítulo 1 destacou, a fim de poder realizar uma viagem de lazer, alguns dos recursos que as pessoas necessitam para viajar incluem dinheiro, os direitos políticos de deslocamento e saúde. A capacidade de um destino de atrair visitantes é, portanto, o conjunto dos recursos do destino, da região de passagem e da região produtora, incluindo-se os recursos pessoais de viajantes potenciais.

VISÃO GERAL DO CAPÍTULO: DESTINOS EM DESENVOLVIMENTO

As diferentes dimensões do lugar são um elemento crítico na compreensão dos destinos contemporâneos. Os lugares se tornam destinos em virtude de serem sistematicamente visitados. Lugares buscam se tornar destinos de modo a colher os benefícios econômicos, por meio dos visitantes, bem como promover um destino para fins de investimento e, algumas vezes, como migração. No entanto, sendo o produto-destino a soma de todas as experiências que o turista tem no local, ele é um produto difícil de controlar e gerenciar. O produto-destino promovido pelas Organizações de *Marketing* de Destino (OMDs) é bem diferente de outros produtos comerciais, no sentido de que a OMD não "é dona" do produto que promove, enquanto o desenvolvimento do produto é em si mesmo o resultado de uma combinação de diferentes empresas e organizações públicas e privadas, muitas delas desarticuladas e agindo separadamente.

Os conceitos de paisagem de serviço e de paisagem de experiência destacam a extensão na qual empresas e destinos produzem experiências que os consumidores desejam, por meio do ajuste do ambiente físico que os visitantes experimentam. No entanto, os encontros de serviço que são experimentados por meio de interações sociais entre o produtor e o consumidor são muito mais difíceis de controlar. Até certo ponto, eles podem ser controlados dentro da empresa, por meio de programas de treinamento, embora, fora do ambiente comercial, as interações sociais entre visitantes e membros da comunidade do destino sejam impossíveis de controlar. Essa situação ilustra as dificuldades associadas à noção de gerenciamento de destino. Colocado de maneira bem simples, o gerenciamento de destino tem, em geral, um grau limitado de controle sobre os consumidores e produtores de experiência turística.

A questão do controle dos elementos do produto de destino turístico está no cerne da compreensão do destino contemporâneo. Diferente de muitos outros produtos de negócio ou serviços, o gerenciamento de destino ou as organizações de *marketing* não são donos do produto que gerenciam ou comercializam. Esta é uma diferença significativa do turismo em relação a outros setores comerciais e públicos. O gerenciamento dos destinos está, portanto, focado na obtenção de controle, ou no mínimo em buscar o aumento dos níveis de certeza da provisão apropriada, em relação à entrega dos elementos-chave do produto de turismo ao consumidor. De maneira ideal, o gerenciamento do destino está interessado no consumo do produto turismo e também em como o turista obtém valor sobre cada elemento da cadeia produtiva e como os produtores agregam valor e aumentam os retornos para o destino. Essa perspectiva mais ampla sobre o gerenciamento de destino não pode ser analisada parcialmente. Ela influencia o modo como os destinos são governados, os efeitos do turismo sobre eles e o planejamento do turismo, pois destaca a importância da variedade de fatores que afetam a viabilidade dos destinos.

CAPÍTULO 6
Administrando o produto turismo contemporâneo

OBJETIVOS DO CAPÍTULO

Depois de ler este capítulo, você deverá ser capaz de:

- entender o desenvolvimento do conceito de governança;
- identificar as características do processo de governança;
- entender a reorganização do estado em relação a novas linhas funcionais e territoriais;
- reconhecer a importância da governança, em vários níveis, particularmente nas áreas políticas que se tornaram altamente globalizadas;
- avaliar a complexidade da governança no turismo contemporâneo;
- entender os papéis mais importantes do governo no turismo contemporâneo;
- identificar diferentes tipos de políticas de turismo.

INTRODUÇÃO

Este capítulo fala sobre o governo e a governança do turismo, uma questão que recentemente se tornou uma grande preocupação para os agentes interessados em turismo. Fala do projeto, da implementação e do monitoramento de políticas e de estratégias públicas no turismo contemporâneo, atividades que envolvem a coordenação horizontal e vertical do governo em vários níveis, o setor privado, as organizações não governamentais e a população. Isso ocorre em escalas que vão do global ao local. O capítulo também discute os muitos papéis do setor público e a natureza variável da intervenção do governo no turismo, que pode ser descrita como uma substituição da prática de *governo* para a prática da *governança*. No entanto, o Estado-nação e o governo nacional ainda são considerados atores soberanos extremamente importantes na política do turismo. Diferentes papéis do governo no turismo são descritos e então analisados por meio de uma tipologia política que permite ao leitor entender os vários meios pelos quais os governos abordam a política de turismo, a fim de alcançar certos objetivos políticos. O capítulo examina ainda a importância das estratégias cooperativas como meio de se obter apoio do produtor para o *marketing*, o planejamento e o desenvolvimento completos de um destino.

DO GOVERNO À GOVERNANÇA

Em termos de políticas públicas, em anos recentes tem havido uma transformação substancial do papel do governo em geral e do turismo em particular. Essa mudança às vezes é referenciada como um deslocamento do conceito de governo para o de governança. Há uma alteração no papel das instituições estatais que tem sido fundamental para esta mudança: a presença de agências governamentais na viabilização de projetos econômicos, ambientais e sociais patrocinados pelo governo. Por exemplo, em países desenvolvidos, muitas das atividades promovidas pelo Estado que visam ao bem-estar social e que existiram até o início da década de 1980, incluindo-se a administração do lazer e das instalações culturais, são agora operadas e implementadas por empresas do setor privado ou por organizações não governamentais. Portanto, ao invés de a implementação de políticas governamentais ser realizada por uma única agência governamental, o que se observa hoje é uma ênfase maior em parcerias. Essas parcerias podem se dar entre departamentos de governo e organizações integral ou parcialmente pertencentes ao governo, que operam em bases comerciais (organizações paragovernamentais), o setor privado, e organizações não governamentais, em que o papel das agências e departamentos governamentais é o de conduzir redes organizacionais e parcerias em uma determinada direção (Hall, 2005).

Rhodes (1996, 1997) identificou várias características da governança:

- interdependência entre organizações;
- o conceito de governança é mais amplo que o de governo, e inclui um papel para atores não estatais (isto é, o setor privado, organizações não governamentais e grupos de interesse, incluindo-se organizações no setor de voluntariado);
- as fronteiras entre os setores públicos e outros setores são agora muito mais indefinidas;
- a necessidade de compartilhar recursos e objetivos entre participantes dessas redes de organizações leva à interação constante entre os membros;
- as regras de interação dentro de uma rede são estabelecidas por seus membros, sendo que a confiança é fundamental para a manutenção da rede de relacionamentos;
- muitas redes têm um grau significativo de autonomia em relação ao governo e são auto-organizadas;
- embora o Estado não ocupe necessariamente uma posição privilegiada, pode administrar redes de maneira parcial e indireta.

A última característica de governança identificada por Rhodes e a importância das relações de parceria entre agências estatais e outras organizações têm demonstrado que tanto o desenvolvimento quanto a implementação de políticas governamentais tornaram-se extremamente complexos. Jessop (1997) referiu-se a essa situação chamando-a de "meta governança", uma vez que se trata de uma prática que requer o direcionamento de agências e de organizações múltiplas que, embora operando com autonomia em relação umas às outras, permanecem ligadas por meio de seu envolvimento em questões políticas comuns e em financiamentos e benefícios associados. Essa situação é extremamente relevante para o turismo porque descreve bem o problema de muitas Organizações de *Marketing* de Destinos (OMDs), que são, na maioria das vezes, parcial ou totalmente financiadas pelo governo ou usam parte da estrutura formal do Estado, ou seja, de uma agência governamental, e tem como papel tentar unir outras agências públicas, produtores turísticos e mesmo comunidades de destino em causas comuns relacionadas a *marketing* e/ou desenvolvimento de destinos. Como frequentemente tem sido observado neste livro, uma das características fundamentais da administração das OMDs é que elas não são proprietárias dos produtos que vendem ou promovem. Portanto, talvez não seja de surpreender que as ideias de parceria e de colaboração sejam extremamente importantes para se entender os relacionamentos entre os indivíduos e as organizações, nas redes turísticas.

Outro importante elemento no desenvolvimento do conceito de governança é a natureza variável do Estado-nação, com os papéis do Estado sendo funcional e territorialmente reorganizados ao longo de linhas subnacionais, supranacionais e até mesmo transterritoriais.

Estado subnacional se refere ao papel do estado local (cidade, governo local ou regional) como ator político, em nível doméstico e internacional. Por exemplo, há o desenvolvimento de um novo regionalismo em muitas partes da Europa e da América do Norte, onde os governos regionais têm adquirido novos direitos e responsabilidades e se tornado mais agressivos na sua busca pela obtenção de benefícios econômicos. Um bom exemplo da atividade do Estado subnacional no turismo é o do *marketing* e da promoção do destino internacional, mesmo quando organizações turísticas nacionais já possam estar envolvidas nessas atividades. Por exemplo, o Festival de Gramado (RS), a Oktoberfest de Blumenau (SC) ou algumas festas de carnaval (Rio de Janeiro, Recife-Olinda e Salvador) são atrativos cujas ações locais transcendem às ações de nível nacional.

Estados e organizações supranacionais referem-se a organizações tais como a União Europeia (UE), onde há capacidades regulatórias consideráveis, enquanto em muitas áreas a UE também busca conduzir políticas de membros de governo em certas direções. No turismo há muitas organizações supranacionais que o influenciam em níveis globais ou internacionais. Em nível global, organizações como Organização Mundial de Turismo (OMT) – Organização das Nações Unidas (ONU) a Associação Internacional de Transporte Aéreo (IATA) e o Conselho Mundial de Viagens e Turismo (WTTC) afetam muitas dimensões das políticas turísticas de Estado-nação, bem como de estado subnacional. O

WTTC, uma organização com base no setor privado e cujos membros só são admitidos por convite, tem tido grande influência no alcance de objetivos que incluem a adoção de contas satélite de turismo e a liberalização do setor turístico (Hall, 2005). "A missão do WTTC é a de promover a sensibilização quanto ao pleno impacto econômico dos maiores geradores de riqueza e de trabalho do mundo – viagem e turismo. Os governos são encorajados a desbloquear o potencial industrial ao adotar a estrutura política do conselho em prol do desenvolvimento sustentável do turismo" (http://www.wttc.org/framesetaboutus.htm).

Estados e organizações transterritoriais referem-se às organizações que têm fronteiras territoriais que incluem os territórios de membros constituintes. Por exemplo, um membro de agências regionais transfronteiriças tem se estabelecido dentro da Europa com o apoio da UE e de governos nacionais e regionais. Um dos melhores exemplos desse desenvolvimento em termos gerais e turísticos é a região Øresund, da Dinamarca e da Suécia. A região do Caribe também apresenta algumas iniciativas que unem certas ilhas em base no foco do turismo internacional no que se refere a atendimento a cruzeiros marítimos, *resorts*, voos comerciais, políticas comuns de migração e saúde.

GOVERNANÇA EM VÁRIOS NÍVEIS

Embora a escala regional tenha se destacado por sua importância quanto à governança, "determinar o impacto da nova governança regional é difícil, porque requer que isolemos os efeitos de um ator ou de um grupo de atores em meio aos outros" (Pike et al., 2006: 141). Por exemplo, o Estado-nação ainda é o elemento-chave na elaboração e na regulamentação de uma política internacional e governos nacionais ainda concentram a formulação de políticas públicas. No entanto, não há dúvida de que os processos de globalização em países desenvolvidos criam situações em que algumas áreas políticas, em dado momento de domínio exclusivo de governos nacionais, internacionalizaram-se, enquanto outros interesses políticos foram transferidos ao nível regional.

Exemplos desses campos políticos cada vez mais internacionalizados incluem a aviação comercial, o meio ambiente, os direitos humanos, o comércio e a migração internacionais. Eles representam áreas com problemas políticos que atravessam as fronteiras nacionais. Portanto, uma das melhores maneiras de lidar com eles é o desenvolvimento de instituições globais, tais como a criação de leis e de regras, e de agências de administração formais. Questões ambientais como a mudança do clima, a poluição dos mares e a perda de biodiversidade são temas políticos que transpõem essas barreiras porque o que acontece em um país com relação à poluição ou às emissões de gás de efeito estufa pode ter desdobramentos sobre outros. Embora o turismo esteja limitado enquanto campo político internacional, há inúmeras áreas sujeitas à convenção internacional que afetam direta ou indiretamente os fluxos de turistas ou o desenvolvimento do turismo. O turismo ficou sujeito ao que é descrito como governança em vários níveis, da mesma maneira que os destinos. Igualmente os produtos turísticos individuais estão sujeitos a estruturas de governança em múltiplos níveis, nos quais instituições e agências locais, regionais, nacionais e supranacionais desempenham um papel. A natureza complexa dos níveis de instituições e de relações emergentes é ilustrada na **Figura 6.1**. De acordo com Marks e Hooghe (2004: 16):

Figura 6.1 — Elementos de instituições de governança em vários níveis e de relações que afetam o turismo

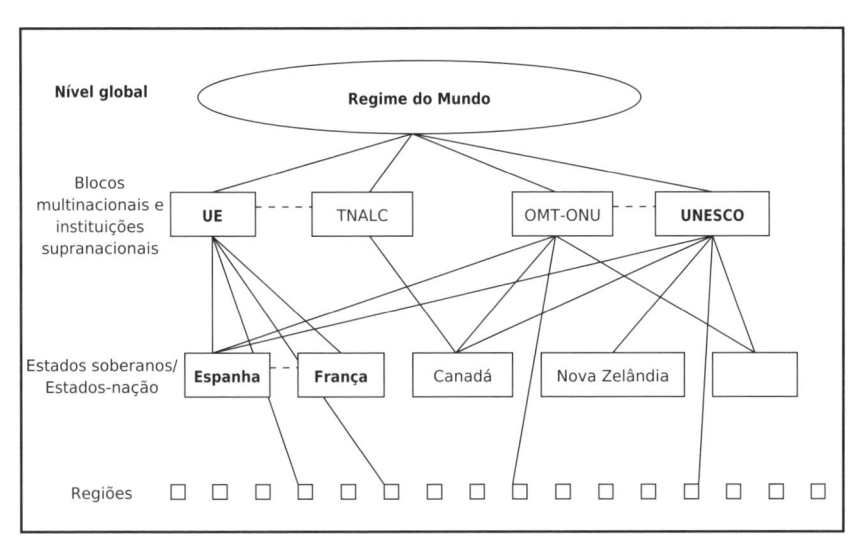

A dispersão da governança pelas jurisdições é mais eficiente que o monopólio central do Estado e, de forma normativa, superior a ele. Elas argumentam que a governança deve operar em múltiplas escalas, a fim de capturar variações no escopo territorial das externalidades políticas. Como as externalidades que surgem a partir dos bens públicos variam imensamente – das planetárias, no caso do aquecimento global às locais, no caso dos serviços de muitas cidades – assim também deve variar a escala de governança. Para internalizar as externalidades, a governança deve ter vários níveis.

No entanto, o crescimento das instituições supranacionais e regionais não está isento de críticas, uma vez que elas nem sempre são democraticamente responsáveis para com as populações em geral, embora suas decisões possam ter enormes impactos econômicos, sociais e ambientais sobre elas. Além disso, a complexidade da governança em vários níveis é ainda mais complicada devido à existência concomitante de organizações privadas representativas, negócios transnacionais e organizações não governamentais que também agem em escala doméstica e internacional. Por exemplo, campanhas turísticas internas são organizadas para desencorajar pessoas a visitarem determinados países por causa de seu retrospecto relacionado a direitos humanos ou meio ambiente, feito por organizações não governamentais.

> Turismo é fenômeno com muitos fatores econômicos positivos: cria empregos, impostos e gera o desenvolvimento. Mas, se for mal planejado e implantado, pode ser fator de poluição, exclusão social, concentração de renda, aumento da prostituição e exploração infantil. A responsabilidade por essas questões não é exclusiva dos governos (federal, estadual ou municipal), mas da sociedade organizada como um todo. Empresários, profissionais, organizações não governamentais, sindicatos e comunidades organizadas devem participar e se comprometer com os resultados decorrentes dos projetos turísticos. Isso implica acesso à informação e educação para que a discussão seja feita com base em conhecimentos mais técnicos e profundos. Uma política pública de turismo precisa levar em consideração todos esses fatores.
>
> Turismo é uma atividade de ponta nas sociedades atuais, envolve deleite/encanto e satisfação pessoal. Insere-se nas sociedades democráticas, complexas e pluralistas, demandando ética, desenvolvimento sustentável, respeito à diversidade e aos problemas ambientais e sociais. É uma atividade cada vez mais sofisticada e profissionalizada, exigindo familiarização com novas tecnologias de informática e telecomunicações, domínio de línguas estrangeiras, cultura geral sólida, conhecimentos específicos da área e consciência da necessidade de eficiência nas operações e alta qualidade nos serviços prestados. Turismo articula-se com lazer, entretenimento, gastronomia, eventos, cultura, esportes, hospitalidade e meio ambiente. É uma atividade sensível a problemas como guerras, terrorismo, epidemias, violência urbana, desrespeito dos direitos humanos e liberdades civis (Trigo e Panosso, 2007).

O desenvolvimento de instituições supranacionais, como convenções internacionais, também pode ter importantes implicações de longo prazo para o turismo. Por exemplo, quando os acordos comerciais aeronáuticos internacionais foram negociados pela primeira vez, houve uma divergência entre os Estados Unidos, que defendiam um mercado livre, e o Reino Unido e outros países europeus, que mantinham rígidas restrições políticas, em parte por causa das preocupações de que o mercado fosse dominado por empresas aéreas norte-americanas. Os governos asseguraram para si o direito de controlar todos os aspectos das viagens aéreas à sua nação, incluindo-se a posse da empresa aérea, permitindo que o país estabeleça regras ou restringindo o controle de uma empresa aérea aos cidadãos do país onde ela está baseada. No entanto, a globalização econômica do setor de aviação, por meio das melhorias na tecnologia de transporte, das mudanças nas restrições comerciais e da mobilidade humana tem feito com que, em muitos casos, empresas aéreas nacionais sejam economicamente inviáveis sem apoio governamental direto. Como declarou Giovanni Bisignani, diretor-geral da Associação de Transporte Aéreo Internacional, "as restrições de propriedade das empresas aéreas se tornaram direitos nacionais (...) agora as bandeiras sobre a nossa aeronave são tão pesadas que estão afundando a indústria" (citado em Phillips, 2005: 13).

Mudanças regionais nas regras da aviação têm ocorrido. A aviação norte-americana tem sido relativamente desregulamentada desde o início da década de 1980, embora haja uma considerável interferência governamental, direta e indireta, sobre as principais empresas aéreas. A aviação na Europa se abriu para concorrência limitada em meados da década de 1990, quando a UE extinguiu restrições a operações internacionais. Austrália e Nova Zelândia têm um mercado de aviação interno desregulamentado, embora os direitos aéreos internacionais para além de suas fronteiras permaneçam regulamentados. No entanto, a despeito do grau de desregulamentação do regime de aviação que se desenvolveu na era do pós-guerra e das crescentes pressões financeiras sobre linhas aéreas, particularmente a partir de 2001, permanece a proeminência de governos nacionais na determinação de fluxos aéreos internacionais.

Por exemplo, a Sabena, empresa aérea nacional da Bélgica, faliu em 2001. No entanto, a empresa aérea regional privada DAT, rebatizada de SN Brussels, adquiriu a marca comercial e o nome Sabena continuou. A Air France controla a KLM (Holanda); e a Lufthansa (Alemanha) controla a Swiss (a sucessora da Swissair, empresa aérea nacional da Suíça). Em ambos os casos, KLM e Swiss têm mantido suas identidades nacionais como condição imposta pelos governos holandês e suíço. Além disso, elas têm a obrigatoriedade de manter um escritório central em seu país.

No caso do Brasil, o país passou por uma grave crise em seu sistema aéreo comercial. Tudo começou depois de um insólito acidente sobre a Amazônia, no dia 29 de setembro de 2006, quando dois jatos se chocaram. Um deles, o Boeing 737-800 da empresa brasileira GOL, caiu em pedaços matando todos os passageiros. O outro avião envolvido, um jato Legacy fabricado no Brasil e adquirido por uma empresa norte-americana, estava em seu voo inaugural e conseguiu fazer aterrissagem de emergência em um campo militar na floresta apesar das avarias no *winglet* e no leme das asas do lado esquerdo da aeronave. O ápice da crise foi em 2007, com um segundo grande acidente aéreo seguido pela paralisia parcial do sistema e a substituição de parte da equipe gerencial do governo, entre civis e militares. No início da noite de 17 de julho de 2007, um Airbus-320 da TAM não conseguiu parar após uma aterrissagem feita sob chuva, resvalou para fora da pista e explodiu dentro de um edifício da própria empresa situado no outro lado da avenida, ao lado do Aeroporto de Congonhas, em São Paulo. Morreram 199 pessoas em chamas, em frente às câmaras de televisão do mundo todo. A CNN transmitia ao vivo, poucos minutos após o acidente, para uma plateia global horrorizada com a sequência de trágicos eventos na aviação comercial brasileira. Só então as autoridades prometeram fazer algo mais objetivo, mas parte das promessas não foi cumprida. Essa crise tem raízes nas falhas históricas e estruturais do sistema. Historicamente, o controle e gerenciamento sempre foram realizados pelos militares da Aeronáutica, uma distorção, haja vista que o Brasil era um dos quatro únicos países do mundo onde esse controle não está sob responsabilidade civil. Somente a partir de 2011 a Presidenta da República criou a Secretaria de Aviação Civil, centralizando os poderes em mãos civis. Talvez seja tarde demais para fazer todos os ajustes, reformas e ampliações nos terminais de passageiros, cargas e infraestrutura aeroviária para bem atender o país na Copa do Mundo de 2014.

OS PAPÉIS DO GOVERNO NO TURISMO

A natureza exata dos papéis do governo no turismo muda de jurisdição para jurisdição, e pelas muitas escalas em que a governança ocorre. Diferentes países têm constituições e estruturas legais que dão poderes sobre diferentes assuntos a diferentes níveis de governo. Além disso, o papel do governo mudou com o tempo. Isso quer dizer que, em alguns países, a responsabilidade do governo pelo turismo é claramente definida, enquanto que em outros é assumida em graus variados e em diferentes níveis. No entanto, em geral, sete papéis governamentais relacionados ao turismo podem ser identificados. O precursor da OMT-ONU, a União Internacional de Organizações Turísticas (IUOTO) (1974), em sua discussão sobre o papel do Estado no turismo, identificou cinco áreas de envolvimento do setor público no turismo: coordenação, planejamento, legislação e regulamentação, empreendedorismo e incentivo. Acrescente-se a essas, outras duas funções: um papel turístico social, e um papel mais amplo, de proteção do interesse público (Hall, 2000). Esses papéis são descritos mais detalhadamente abaixo.

Coordenação

A coordenação é necessária tanto dentro dos diferentes níveis de governo quanto entre eles, a fim de se evitar a duplicação de recursos entre os vários órgãos turísticos governamentais e o setor privado, além de desenvolver estratégias turísticas eficazes. O governo frequentemente assume um papel principal de coordenação ou de facilitação ao reunir várias partes interessadas no turismo em prol de alvos comuns. A importância do papel de coordenação do governo cresceu recentemente como consequência do foco em governança.

Planejamento

Planejamento é o processo de preparar um conjunto de decisões para ações futuras, dirigidas à realização de objetivos identificados pelos melhores meios. O planejamento governamental para o turismo ocorre em diferentes escalas e de diferentes formas (econômicas, sociais, ambientais, regionais, urbanas, rurais, uso da terra, promoção e *marketing*, mão de obra) e é um foco importante da atividade governamental, em se tratando de desenvolvimento de turismo. No entanto, muitas das significativas atividades governamentais que afetam o turismo ocorrem fora das agências turísticas específicas que, em geral, têm um escopo legal concentrado apenas na atividade promocional. Portanto, grande parte do planejamento turístico mais importante ocorre em agências voltadas para áreas como parques nacionais, ambiente, cultura e patrimônio ou no contexto de um planejamento urbano e rural mais abrangente, em nível regional.

Regulamentação

Um dos aspectos mais importantes do governo como instituição soberana é o de suas capacidades legislativas. O papel regulatório do governo, em relação ao turismo, é crucial. A regulamentação do turismo abrange desde as autoridades que determinam quem pode deixar ou entrar em países, passando por questões ambientais, de uso da terra, saúde ou segurança. No entanto, a maioria das leis e regulamentações que afetam o turismo na verdade não são específicas para ele, sendo decisões tomadas em outras jurisdições de ordem política. Por exemplo, a política econômica ou de conservação podem ter implicações substanciais na eficácia das decisões políticas tomadas em relação ao turismo. Medidas regulatórias gerais, como a regulamentação industrial, a proteção ambiental e a política de tributação influenciarão o crescimento do turismo. O nível de regulamentação governamental do turismo tende a ser uma questão importante para os vários componentes do setor turístico. Embora o setor reconheça que o governo tem um papel importante a desempenhar e do qual ele se beneficia, particularmente em infraestrutura, promoção ou pesquisa, o argumento predominante em boa parte do mundo é o de que o turismo deve ser cada vez mais desregulamentado a fim de reduzir custos de conformidade e, assim, aumentar a competitividade das empresas e dos destinos. No entanto, a partir de uma perspectiva mais ampla do interesse público, os governos têm de simultaneamente administrar as demandas por desregulamentação com os pedidos de alguns grupos de interesse por mais regulamentação em alguns setores do turismo, como a conservação e proteção ambientais e, cada vez mais, aos direitos humanos e à justiça social.

Empreendedorismo

O governo tem um papel empreendedor no turismo. Governos não apenas fornecem infraestruturas básicas, tais como estradas e esgotos, nem apenas administram atrações, tais como parques nacionais e museus, ou adquirem e operam iniciativas turísticas que incluem empresas aéreas, hotéis e empresas de viagens. Cada vez mais seu papel como empreendedor tem-se ampliado para incluir o fornecimento de instalações para eventos culturais e esportivos, e o patrocínio de projetos a redesenvolvimento urbano, como Puerto Madero, em Buenos Aires; Pelourinho, em Salvador; revitalização do centro, em São Paulo. Em nível nacional, o papel da aquisição de empresas aéreas, estradas de ferro e redes de hotéis por parte do governo tem diminuído nos últimos anos à medida que esses bens têm sido privatizados ou assumidos por corporações. No entanto, o estado local também aumentou seu papel empreendedor, particularmente no apoio financeiro a eventos de marca ou programas de desenvolvimento humano como parte de uma estratégia de competitividade regional.

Incentivo

O papel de incentivo do governo é semelhante ao do empreendedorismo, porém, é mais tangível por causa do foco nos serviços. Há três fontes principais: (1) a provisão de incentivos financeiros, tais como empréstimos com juros baixos, depreciação sobre o capital ou até mesmo subsídios diretos a investidores privados; (2) financiamento governamental de pesquisa, frequentemente a custo baixo ou zero, disponível ao setor privado; (3) apoio financeiro ou a realização direta de *marketing* ou de promoção, geralmente com o objetivo de gerar demanda turística, embora isso também possa tomar a forma de promoção, com o intuito de encorajar o investimento em atrações e instalações turísticas. No entanto, tamanho é o papel que o governo desempenha na promoção que ela é normalmente reconhecida como uma função distinta.

Promoção

O *marketing* e a promoção em turismo são, historicamente, atividades de destaque do governo. Isso talvez se deva aos relacionamentos territoriais entre o governo e os destinos, embora esteja também intimamente ligado aos argumentos de que a promoção turística representa um "bem público", dado o alto grau de fragmentação entre os vários elementos do setor turístico e os vários benefícios econômicos e sociais acumulados pela sociedade. Devido à extensão da fragmentação do produtor no turismo e ao grau substancial de fracasso do mercado em se tratando da promoção de alguns destinos, o governo tem apoiado a promoção do destino, particularmente em nível nacional.

Turismo social

Turismo social refere-se ao fornecimento de oportunidades turísticas aos que estão desamparados economicamente ou de qualquer outra forma. Durante o período do Estado-providência, em muitos países ocidentais, as férias eram frequentemente concedidas pelos governos ou pelos sindicatos e outras organizações não governamentais normalmente em colônias de férias e com transporte subsidiado. Essa prática, no entanto, declinou dramaticamente nos últimos 25 anos na sociedade ocidental, embora alguns vestígios ainda permaneçam no papel das instituições de caridade, que quase sempre recebem certo grau de financiamento governamental. No Brasil os programas governamentais ligados à terceira idade, jovens, segmentos sindicalizados, ações do sistema "S" (SESC, SESI etc.) e iniciativas do terceiro setor inserem-se no lazer e turismo social.

Interesse público

O papel final do governo, em relação ao turismo, diz respeito ao seu papel tradicional, em muitas sociedades, de proteger as comunidades. Além disso, a política de turismo precisa ser entendida no contexto das políticas econômicas, sociais e ambientais mais amplas que um governo realiza em prol de sua sociedade, no sentido de que o turismo deve ser visto, numa situação ideal, como um meio para se alcançar um fim, e não um fim em si mesmo. Embora se discuta se ele é um subconjunto do papel do governo na promoção do interesse público ou se tem um papel distinto em sua preocupação com os direitos do meio ambiente, ele desempenha uma função cada vez mais importante no governo em prol da coletividade. Por exemplo, várias jurisdições nacionais têm leis que regulam direitos de conservação a espécies raras e ameaçadas de extinção, o que significa dizer que o desenvolvimento de projetos pode não seguir adiante se elas forem espécies ameaçadas.

TIPOS DE REGULAMENTAÇÃO

Embora identificar as diferentes categorias de envolvimento do governo no turismo seja um exercício útil em termos dos papéis governamentais de diferenciação entre níveis de governança e jurisdições, ele não é muito útil na avaliação da natureza da política pública de turismo. Um modelo geral que auxilia a distinção entre diferentes políticas é o de Anderson (1994), que identificou quatro tipos diferentes de política: regulatória, autorregulatória, distributiva e redistributiva. Esses quatro tipos podem ser combinados em uma matriz, com os papéis de governo no turismo sendo um meio de avaliação da política de turismo (**Tabela 6.1**).

Tabela 6.1 — Matriz política: papéis do governo no turismo e nos tipos de política

Papel do governo	Política regulatória	Política autorregulatória	Política distributiva	Política redistributiva
Coordenação				
Planejamento				
Empreendimento				
Estímulo				
Promoção				
Turismo social				
Interesse público				

Política regulatória

Refere-se à colocação de restrições e de limites às ações de pessoas ou de organizações. Provisões regulatórias podem incluir restrições à mobilidade do indivíduo por motivos políticas ou ambientais, restrições ao uso da terra, ou leis de proteção de recursos que incluam toda a jurisdição (Parker, 1999).

Política autorregulatória

É semelhante à política regulatória no sentido de que se refere a controles sobre o comportamento de grupos identificados ou indivíduos, mas é realizada pelo grupo regulamentado ou organização não governamental. A autorregulamentação pode ser utilizada como uma política governamental, a fim de reduzir seus próprios custos de política de implementação ou satisfazer às demandas e necessidades de grupos produtores particulares para reduzir seus custos de conformidade. No entanto, a autorregulamentação, apenas é efetiva na medida em que se busca a conformidade com a regulamentação. Infelizmente, o setor de turismo é composto de poucos autorregulamentadores, particularmente no que diz respeito a preocupações ambientais, preservação histórica e cultural ou proteção a comunidades ameaçadas. No caso do Brasil, Tailândia e alguns países do Caribe e do leste europeu, a ameaça do turismo sexual infantil é uma triste realidade que precisa ser combatida.

Políticas distributivas

Envolvem a distribuição de benefícios a grupos particulares na sociedade. Parker (1999: 320) argumenta que a política distributiva é "fundamentalmente promocional por natureza, e os governos confiam muito nela para estimular o turismo e o ecoturismo". Alguns exemplos são o do uso de créditos fiscais para investimento, depreciação acelerada, arrendamento de propriedade, subsídio e apoio de mercado como políticas distributivas exógenas usadas para atrair investimento a partir de interesses externos. Tais medidas podem ser disponibilizadas também para interesses domésticos.

Políticas redistributivas

São políticas específicas usadas pelo governo para transferir a distribuição de riqueza e de outros recursos de um grupo social para outro. Isso pode ser realizado com base em níveis de renda, riqueza, classe, etnia ou região. Por exemplo, na década de 1980, em alguns países, o ecoturismo foi concebido como um meio de melhorar o nível de bem-estar econômico de comunidades marginais em áreas periféricas. Mais recentemente, a noção de turismo em prol dos pobres tem se tornado cada vez mais importante. O turismo pode ser usado como um meio orientado de redistribuição de riqueza, por meio do encorajamento a consumidores para que realizem certas atividades turísticas em lugares específicos que exijam renda maior e/ou criação de emprego. No Brasil, os últimos Planos Nacionais de Turismo do Governo Federal (2003-2006; 2007-2010; 2011-2014) foram explícitos em colocar o turismo como uma possibilidade de inclusão. Valorização dos trabalhos de artesãos, roteiros turísticos em comunidades (favelas) nos grandes centros, diferentes tipos de ecoturismo ligados às comunidades locais, valorização de patrimônio cultural e artístico regional são algumas possibilidades de políticas redistributivas baseadas no turismo.

CAPÍTULO 7
Consequências da visitação no destino turístico contemporâneo

OBJETIVOS DO CAPÍTULO

Depois de ler este capítulo, você deverá ser capaz de:

- identificar algumas das percepções positivas e negativas dos efeitos do turismo;
- reconhecer que, embora o destino turístico contemporâneo seja um ponto central de atenção quanto aos impactos do turismo, os efeitos ocorrem em todos os estágios do sistema turístico geográfico;
- entender que as consequências do turismo são contextuais e situacionais;
- entender a importância potencial da mudança para o consumo e a produção de turismo;
- identificar alguns dos fatores-chave que afetam a avaliação dos efeitos do turismo.

INTRODUÇÃO

Estar consciente sobre as consequências da visitação não é apenas importante em termos de responsabilidades ambientais e sociais, mas também em termos de práticas de bons negócios. Como este livro destaca, as múltiplas camadas do produto turismo, especialmente em relação ao produto destino, indicam que é necessário considerar as pessoas e os ambientes que estão incorporados como parte desse produto, caso contrário as várias qualidades que tornam um lugar atrativo à visita estarão desgastadas.

Portanto, uma apreciação dos efeitos do turismo é vital para a compreensão do ambiente empresarial do turismo contemporâneo e do relacionamento do turismo com os destinos.

Um dos debates mais importantes no turismo contemporâneo está centrado nas dimensões positivas e negativas do desenvolvimento turístico. Por muitos anos, o turismo foi visto com olhos favoráveis e considerado como uma influência positiva sobre os destinos. No entanto, com o advento de uma nova geração de aviões a jato no fim da década de 1960 e início da de 1970, e o consequente crescimento anual das viagens internacionais, que continua até hoje, o turismo passou a ser visto como gerador de efeitos indesejáveis para os destinos, apesar de seus benefícios econômicos potenciais.

Este capítulo discute alguns dos efeitos da visitação turística. Esses impactos são discutidos sob várias vertentes, porém, o capítulo enfatiza que essas não são categorias distintas. O capítulo examina primeiramente algumas dimensões positivas e negativas do turismo, antes de descrever certas questões que surgem a partir da avaliação do turismo. Essas questões são importantes porque representam um grande passo na avaliação exata das consequências do turismo sobre as pessoas e os lugares. O capítulo termina descrevendo diferentes formas de relacionamento entre o turismo e seus vários ambientes.

CONSEQUÊNCIAS POSITIVAS E NEGATIVAS DO TURISMO

Uma das dimensões importantes na avaliação das consequências do turismo é que a interpretação de seus efeitos é, na maioria das vezes, vista de modo diferente pelas pessoas. Por exemplo, o aumento nos valores dos imóveis como resultado do desenvolvimento turístico é considerado positivamente pelos proprietários desses bens e pelos municípios, que obtêm renda a partir dos impostos; mas, negativamente, pelos que as alugam, uma vez que há aumento no valor do aluguel, e comprá-las acaba ficando mais caro. Além disso, as diferenças nas percepções e nos entendimentos sobre as consequências do turismo também diferem entre os destinos, dependendo das diferentes atitudes para com ele, das mudanças com as quais ele está relacionado, e dos valores e alvos mais amplos na sociedade.

Na literatura sobre o assunto, os impactos do turismo foram divididos em três categorias principais: ambiental (referindo-se ao meio ambiente físico), social e econômica (por exemplo, Mathieson e Wall, 1982). Essas categorias não se excluem mutuamente, têm um grau significativo de sobreposição, e servem como recursos semânticos razoáveis, com os quais é possível discutir os efeitos do turismo (**Figura 7.1**). Os inter-relacionamentos e as interdependências entre as dimensões econômicas, ambientais e sociais significam que elas também agem como categorias principais em torno das quais a noção de desenvolvimento é considerada (veja capítulo 8).

Para que as consequências do turismo sejam visíveis, é preciso que ocorram mudanças, palavra-chave para a compreensão dos impactos do turismo. Embora seja normal, a mudança rápida torna difícil que as pessoas se adaptem aos seus novos ambientes econômicos, sociais e físicos. No entanto, em anos recentes, o rápido crescimento do turismo, da infraestrutura e das instalações relacionadas a ele aumentaram de forma constante. Portanto, o turismo não é diferente de nenhuma outra forma de desenvolvimento industrial ou comercial em termos de seu potencial para mudança. Na verdade, alguns talvez argumentem que ele pode ter um potencial ainda maior de contribuir para mudança em algumas áreas, como as que dizem respeito às relações culturais e sociais, porque a cocriação de experiências turísticas significativas requer essencialmente trocas sociais.

Figura 7.1 — Inter-relacionamentos entre impactos turísticos

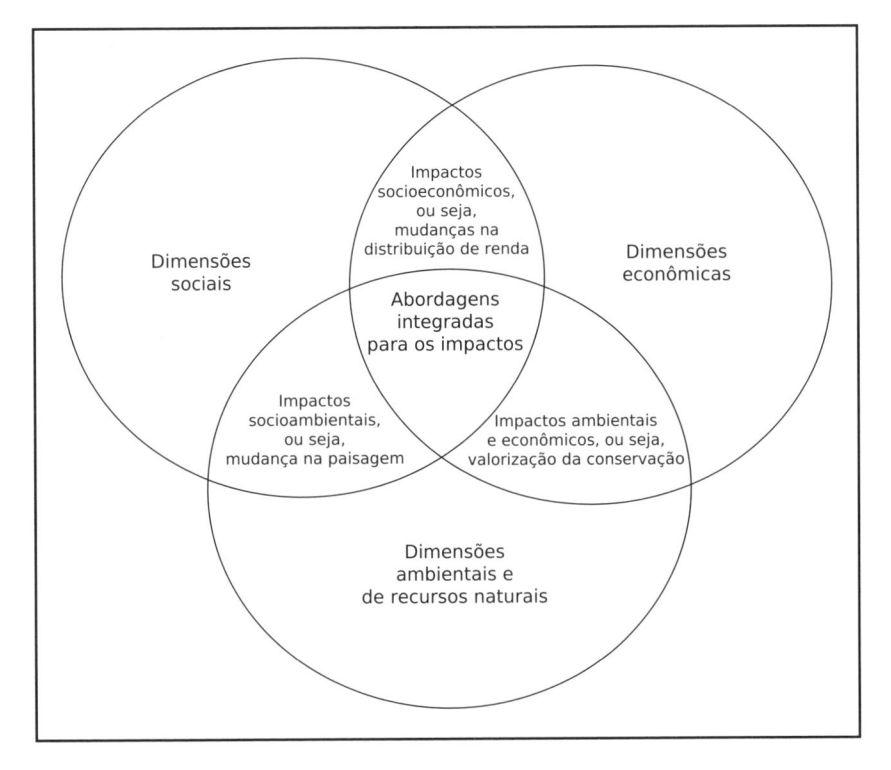

Dimensões sociais

Impactos socioeconômicos, ou seja, mudanças na distribuição de renda

Dimensões econômicas

Abordagens integradas para os impactos

Impactos socioambientais, ou seja, mudança na paisagem

Impactos ambientais e econômicos, ou seja, valorização da conservação

Dimensões ambientais e de recursos naturais

Uma questão adicional referente à avaliação das consequências do turismo é a que elas ocorrem em diferentes escalas e em diferentes estágios da viagem do turista. Por exemplo, com respeito aos elementos do sistema turístico geográfico (**Figura 7.2**), muitos de seus efeitos ocorrem fora do destino. A geração de emissões de gás-estufa a partir dos transportes ocorre primariamente ao longo da rota de trânsito, porém, tem efeitos sobre todos os elementos do sistema. Em nível individual, as pessoas que participam de todos os estágios da produção da viagem serão afetadas pela cocriação da experiência turística. Isso incluirá não só quem trabalha com turismo, mas também aqueles que capacitam o turista a chegar ao destino e sair dele e os que estão envolvidos com o destino em si como parte da força de trabalho turística, mas também os turistas, que serão afetados pelo experiência da viagem. Na verdade, uma das percepções mais significativas da compreensão de que as experiências turísticas são cocriadas (capítulo 1) é a de que isso significa invariavelmente que há trocas sociais entre consumidor e produtor, além das trocas econômicas e ambientais, embora essas últimas não sejam tão visíveis. Essa observação não significa que essas trocas serão iguais em termos de fatores como poder, papéis, renda, língua ou *status*, mas quer dizer que essas trocas ocorrem e que ambas as partes serão de algum modo afetadas.

Pessoas que vivem ao longo de rotas de trânsito e na região produtora, próxima a grandes conexões de transporte como aeroportos, também serão afetadas pelo turismo. Isso é mais visível em termos de sua reação ao barulho e a outras poluições como consequência do transporte turístico, mas também incluirá impactos financeiros significativos, por causa da contribuição econômica do turismo na geração de emprego ao longo das rotas de trânsito. Embora o turismo tenha consequências em todos os estágios da viagem, a grande concentração de impactos normalmente ocorre no próprio destino (**Figura 7.2**). Portanto, a próxima seção discutirá algumas das dimensões-chave dos efeitos no destino.

Figura 7.2 — Matriz de mudança das consequências do turismo

Tangibilidade relativa das consequências do turismo para a visão externa	Exemplos de dimensões onde os efeitos da cocriação do turismo são observados	Região produtora	Região de trânsito	Destino	Ambiente externo para a viagem do turista
Alta	Ambiente físico				
	Ambiente construído				
	Ambiente econômico				
	Ambiente sociocultural				
	Ambiente de produto/Serviço				
	Consumidor – pessoal	Consumidor ↕ Produtor	Consumidor ↕ Produtor	Consumidor ↕ Produtor	
Baixa	Consumidor – produtor				

Os níveis de sombra indicam mudança relativa como consequência do consumo e da produção do turismo.

Na literatura sobre turismo, vários temas-chave aparecem (veja Lew et al., 2004, para uma seleção da revisão de capítulos que detalham alguns desses temas). A dimensão econômica é obviamente importante. A renda potencial e os aspectos do turismo relacionados ao emprego que conduzem a política governamental e de destino em relação ao *marketing* e à administração do turismo. Na esfera econômica, há preocupações básicas com a contribuição econômica do turismo para o destino, o crescimento nacional, o desenvolvimento econômico e a geração de emprego. Questões secundárias concentram-se nos custos de oportunidade de desenvolvimento de turismo, nas ligações com outros setores e nas implicações do investimento estrangeiro.

Com respeito às consequências ambientais, a atenção concentra-se na contribuição do turismo para a perda da naturalidade, nas mudanças na paisagem, nos sistemas e *habitats* ambientais físicos e suas consequências e nas questões de biodiversidade. Preocupações secundárias quase sempre se concentram em ambientes específicos, como áreas alpinas ou de recifes de corais e no relacionamento entre turismo e conservação. Talvez o mais importante com respeito às consequências ambientais do turismo seja o reconhecimento de que seus efeitos ocorrem mais do que apenas no destino, e isso tem levado a uma reavaliação substancial das dimensões ambientais do turismo contemporâneo.

As consequências sociais e culturais do turismo são extremamente complexas à medida que se relacionam não somente com as diferentes escalas nas quais a mudança ocorre (culturas, comunidades e indivíduos), mas também com categorias particulares de indivíduos (turistas e produtores de experiência turística), quer sejam formalmente parte do setor do turismo, quer sejam parte da base mais abrangente de recursos humanos por estarem incluídos no destino que os turistas vão visitar. Para complicar ainda mais as coisas, o mesmo indivíduo desempenhará diferentes papéis em diferentes momentos durante o curso de sua vida, seja como turista, seja como produtor. Na verdade, em algumas situações é possível que um indivíduo possa ser ao mesmo tempo turista e parte da experiência turística para outra pessoa, como nos casos de atividades que envolvam manifestações culturais e artísticas, especialmente com interação junto ao público.

No destino, um tema-chave é até que ponto o turismo provoca mudanças no lugar de uma comunidade (veja também o capítulo 5) e em sua cultura. Essas mudanças são geralmente vistas como negativas. No entanto, em alguns casos, o turismo tem sido elogiado por ajudar na conservação da cultura ao fornecer um mercado para atividades culturais que tinham pequeno valor fora dessa comunidade. Em certo sentido, isso é semelhante ao valor que o turismo pode trazer para o ambiente ao criar um mercado para parques nacionais e produtos de ecoturismo que, em outros casos, teriam valor limitado. No entanto, a mudança é tanto individual quanto coletiva, o que indica interesse significativo sobre as consequências do turismo para os valores e atitudes pessoais e como eles podem mudar. Para os turistas, muitas dessas consequências serão normalmente sentidas no ambiente de seus lares depois que eles refletirem sobre as experiências dos encontros ocorridos durante a viagem. Elas também podem lançar luz sobre suas relações sociais, em casa ou no trabalho, e sobre conceitos e compreensões sobre si mesmo. Para indivíduos que são parte do produto de turismo, a experiência de serviço pode ter tarefas de desempenho e de trabalho emocional que também levam à reavaliação das noções do "eu" e das relações pessoais. A natureza da experiência turística também leva ao interesse pelos valores trocados e sua conveniência, bem como pela autenticidade das experiências que todas as partes têm, particularmente a partir da perspectiva do consumidor.

A **Tabela 7.1** mostra alguns dos efeitos positivos e negativos do turismo detalhados na literatura, organizados em seis diferentes categorias de impacto. Uma das observações imediatas é a de que uma mesma consequência pode ser vista como positiva ou negativa – inclusive no mesmo destino – dependendo da perspectiva do observador e da situação em que ela ocorre. Um elemento fundamental de compreensão do turismo contemporâneo é o de que as consequências do turismo são *contextuais* e *situacionais*. Isso não significa que elas não ocorram no sentido empírico, ou que não sejam importantes. Porém, a partir da perspectiva do serviço, na qual temos a cocriação de experiências turísticas, cerne de nossa compreensão do fenômeno turístico contemporâneo, percebe-se o que é crucial para administrar essas consequências.

Tabela 7.1 — Impactos percebidos do turismo sobre destinos, identificados na literatura sobre o assunto

Tipo de impacto	Positivo	Negativo
Econômico	Aumento nos gastos	Inflação localizada e aumento de preços
	Criação de emprego	Substituição de trabalhadores locais por trabalhadores de fora
	Aumento na oferta de trabalho	Maior desemprego sazonal
	Imóvel valorizado	Especulação imobiliária
	Aumento no padrão de vida	Mais diferença de renda entre ricos e pobres
	Mais investimento em infraestrutura e serviços	Custo de investimento de oportunidade no turismo significa que outros serviços e setores não recebem apoio
	Mais livre-comércio	Consideração inadequada de investimentos alternativos
	Mais investimento estrangeiro	Estimativa inadequada de custos de desenvolvimento de turismo
		Mais livre-comércio
		Perda de posse local
Turismo/comercial	Mais conhecimento do destino	Aquisição de reputação ruim como resultado de instalações inadequadas, práticas impróprias de preços inflacionados
	Mais conhecimento do investidor quanto ao potencial para investimento e atividade comercial no destino	Reações negativas a iniciativas devido à possibilidade de nova concorrência por recursos humanos e assistência estatal Imagens de destino e marcas inapropriadas são usadas
	Desenvolvimento de nova infraestrutura e de novas instalações, incluindo-se acomodações e atrações	
	Aumento da acessibilidade	
	Melhoras na imagem do destino	
Ambiental/físico	Mudanças nos processos naturais que realçam valores ambientais	Mudanças nos processos ambientais naturais
	Manutenção da biodiversidade	Perda de biodiversidade
	Conservação arquitetônica	Poluição arquitetônica

	Preservação da herança natural e construída	Destruição da herança
	Manutenção e recriação do *habitat* e de ecossistemas	Destruição do *habitat* e dos ecossistemas
		Superação física da capacidade biótica
Social/cultural	Mais participação local nas atividades e eventos do destino	Comercialização e transformação em mercadoria de atividades, eventos e objetos que podem ser de natureza pessoal
	Renovação comunitária	Mudanças na estrutura comunitária
	Fortalecimento dos valores e tradições comunitários	Enfraquecimento ou perda de valores e de tradições comunitários
	Exposição a novas ideias por meio da globalização e do transnacionalismo	Aumento na atividade criminal
	Criação de novo espaço comunitário	Perda de espaço comunitário
		Desarticulação social
		Superação social da capacidade biótica
		Perda da autenticidade
Psicológico	Mais orgulho local e espírito comunitário	Tendência a atitudes defensivas referentes a regiões anfitriãs
	Turismo como uma força em prol da paz	Alta possibilidade de mal-entendidos levando a vários níveis de hostilidade entre anfitrião/hóspede
	Mais conhecimento dos valores e percepções não locais	Mais alienação como resultado das mudanças no que é conhecido
Político/administrativo	Maior reconhecimento internacional da região de destino	Exploração econômica da população local para satisfazer às ambições da elite política/coalizões de crescimento
	Maior abertura política	Uso do turismo para legitimar decisões ou regimes impopulares
	Desenvolvimento de novas instituições administrativas	Turismo usado para financiar regimes repressivos e legitimar suas ideologias

Fonte: Mathieson e Wall (1982), Ritchie (1984), Krippendorf (1987), Hall (1992), Lew et al., (2004) e Hall e Page (2006).

CAPÍTULO 8
Planejamento e administração do destino de viagem contemporâneo

OBJETIVOS DO CAPÍTULO

Após a leitura deste capítulo, você deverá ser capaz de:

- compreender as principais questões relacionadas ao planejamento turístico como um campo do planejamento;
- reconhecer as cinco diferentes tradições de planejamento turístico e as principais características de cada uma delas;
- avaliar as dificuldades de desenvolver uma abordagem sustentável para o turismo contemporâneo;
- reconhecer como mudanças na abordagem do planejamento podem estar relacionadas a mudanças no ambiente físico e intelectual;
- compreender as diferenças entre as abordagens *low road* e *high road* e o impacto de cada uma na competitividade e no desenvolvimento regionais.

INTRODUÇÃO

Dadas as características inerentes dos destinos de viagem enquanto produtos, no sentido de que são uma amálgama de produtos distintos de proveniência pública e comercial, e de recursos turísticos públicos e privados, pode parecer estranho a alguns leitores discutir a administração e o planejamento de um destino de viagem. No entanto, conforme demonstrou o capítulo anterior, é justamente a natureza do destino de viagem contemporâneo que torna o processo de planejamento tão importante. Apesar da conveniência do planejamento turístico ser reconhecida na maioria das jurisdições, a forma e o método empregados na metodologia mais eficiente de planejamento ainda é um conceito bastante controverso (Hall, 2000; Dredge e Jerkins, 2007). Um dos trabalhos seminais na área de planejamento turístico, escrito por Gunn (1979), definiu alguns pontos fundamentais para que se desenvolva uma abordagem básica com relação ao planejamento de destinos turísticos, fundamentos esses que ainda hoje retêm sua importância no turismo contemporâneo:

1. só o planejamento pode prevenir impactos negativos, embora seja necessário que todos os "atores" – e não só planejadores profissionais – estejam envolvidos no processo para que o planejamento funcione;

2. o turismo está em simbiose com a conservação e a recreação. Sua prática não deve gerar conflito com elas, nem ser dotada de objetivos ou efeitos incompatíveis e irreconciliáveis;

3. o planejamento na atualidade deve ser polivalente, abarcando dimensões sociais, econômicas e físicas;

4. o planejamento é essencialmente político e, por essa razão, é necessário levar em conta objetivos sociais, além de também equilibrá-los com outras ambições (geralmente conflitantes);

5. o planejamento turístico tem de ser estratégico e promover a integração;

6. o planejamento turístico precisa apresentar uma perspectiva de planejamento regional. Como inúmeros problemas surgem na interface com áreas menores, ampliar os horizontes do planejamento torna-se algo essencial.

O planejamento turístico ocorre em várias escalas, desde empresas individuais, passando por regiões nacionais, países, até atingir um contexto internacional. Embora tais atividades de planejamento estejam interligadas, o foco deste capítulo é o planejamento em termos do destino de viagem. Em primeiro lugar, o capítulo examina as diferentes tradições de planejamento voltadas para destinos de viagem e a relação delas com outras formas de planejamento. Feito isso, ele passa ao debate sobre a importância da sustentabilidade como parte do cronograma de qualquer planejamento. Por fim, o capítulo investiga algumas estratégias de planejamento que auxiliam o cumprimento dos objetivos estipulados.

O DESENVOLVIMENTO DO PLANEJAMENTO DE DESTINOS DE VIAGEM CONTEMPORÂNEOS

Planejamento de destinos de viagem é um conceito relativamente recente, surgido no final da década 1960 (Gunn, 1994; Davidson e Maitland, 1997). Antes dessa época, as ações de planejamento turístico eram vistas como integrantes do grupo de atividades de planejamento urbano e regional (Hall, 2000). Todavia, a expansão do turismo internacional, ocasionada pela introdução de uma nova geração de aviões – seguida pelo reconhecimento da real importância econômica do turismo em termos de desenvolvimento e níveis de emprego –, provocou o surgimento das primeiras tentativas genuínas de elaboração de planos para o turismo. Mesmo assim, o planejamento voltado para destinos de viagem continua muito ligado a algumas dessas questões gerais que aparecem no planejamento em seus níveis mais abrangentes. Campbell e Fainstein (2003) definiram cinco perguntas com relação à teoria do planejamento, e todas elas têm de ser pensadas também em relação ao planejamento turístico.

Quais são as raízes históricas do planejamento em turismo?

A primeira pergunta tem a ver com identidade; e, portanto, com a história. Refletir sobre a história de um campo de estudo ajuda a esclarecer como chegamos onde estamos em termos de desenvolvimento intelectual e de aplicações e a descobrir suas implicações na prática do planejamento, inclusive a ser capaz de aprender com os próprios erros (Hall, 2000). No caso do planejamento turístico, um dos maiores problemas é que a maioria do material existente sobre a área não reconhece que esse tipo de planejamento tem como base a sociedade capitalista contemporânea, e que há vencedores e perdedores de vários tipos. Além do mais, conforme observado por Campbell e Fainstein (2003: 6), "um histórico de planejamentos bem-sucedidos ajuda o planejador contemporâneo a moldar sua complexa identidade profissional".

Qual a justificativa para o planejamento?

A questão da justificativa levanta outro ponto: por que e quando o Estado deve intervir para modificar um curso de eventos atual? O planejamento – quanto ao escopo abordado neste capítulo no que tange a destinos de viagem – é primariamente público, podendo ser executado em conjunto com organizações privadas e de outros tipos, mas cuja argumentação original encontra sua base no papel mais amplo do Estado.

A partir do final dos anos 1920, o planejamento como intervenção era visto como uma forma de contra-atacar os efeitos do mercado. Essa noção de dualidade entre planejamento e mercado continuou em voga até os anos 1980, quando por ocasião do fracasso de planejamentos centralizados (principalmente nos países do socialismo real) em atingir os objetivos sociais desejados, o mercado passou a ser celebrado como um mecanismo de alocação de recursos com potencial para substituir as atividades de planejamento. Esse ponto de vista teve um impacto substancial no governo de vários países, visto que vários bens governamentais foram privatizados para cumprir as exigências políticas do "enxugamento" dos governos. O turismo não passou ileso por tais mudanças. Em países como Austrália, Canadá e Nova Zelândia, a função que o governo tinha no desenvolvimento do turismo foi substituída por uma função ainda mais ativa de *marketing*, juntamente com o desenvolvimento de novas estruturas corporativas em parceria com o setor privado (Hall, 2000; Dredge e Jenkins, 2007).

Avanços mais recentes em relação às noções de governança (ver capítulo 6) também contribuíram para uma reformulação dessa dualidade planejamento-mercado. A necessidade de se conduzir relações híbridas entre o público e o privado, junto com o crescimento de organizações do "terceiro setor", não governamentais e sem fins lucrativos, implica a necessidade de uma reinterpretação significativa da relação entre planejamento e mercado. Já que o turismo é uma área de considerável atividade no caso de relações público-privadas que visam a projetos de reestruturação urbana e infraestrutura (aeroportos, portos, estradas, por exemplo), o planejamento de destinos de viagem é muito influenciado pelo debate sobre como o governo deveria intervir no caso de destinos turísticos.

Quais são "as regras do jogo", para que se planeje seguindo a ética e os valores morais?

O colapso do dualismo entre o planejamento e o mercado e desenvolvimento de relações público-privadas levanta consideráveis questões com relação aos valores do planejamento. Quando o planejamento podia ser interpretado como uma ação em favor do interesse público, tais dilemas não tinham tanta importância. No entanto, a reinterpretação do papel econômico e social do governo, assim como a criação de novos órgãos corporativos na sua estrutura, levou à ideia de que o interesse público é geralmente traduzido em termos de interesses econômicos ou regionais. No caso do turismo, isso pode significar, por exemplo, debates sobre até que ponto o planejamento de destinos de viagem se trata de atender às necessidades do turista, em contraste com as necessidades da comunidade. Também estão em jogo questões éticas com relação à função da participação de especialistas no processo de planejamento e até que ponto esse conhecimento técnico especializado – e seus valores – pode ser substituído por outras posições de valor que já existam nos destinos turísticos.

Como tornar o planejamento eficiente em uma economia mista?

Planejar intervenções levanta questões sobre a autoridade e o poder daqueles que buscam realizá-las (Dredge e Jenkins, 2007). A autoridade do planejador é limitada pelo poder econômico e político dos *stakeholders* (partes interessadas ou membros constituintes), além de sofrer restrições com os caprichos da democracia. Nesse caso, os objetivos dos planejadores – com relação à sustentabilidade e o ambiente físico e social, por exemplo – podem ficar comprometidos dentro de uma agenda mais voltada aos assuntos de cunho político, na qual preocupações econômicas e de geração de empregos podem ocupar uma posição de prioridade mais alta na hora da tomada de decisões.

É de conhecimento geral que, no planejamento turístico, os objetivos econômicos têm recebido mais atenção que os sociais, muito embora tradições da área de planejamento que remontam ao início da década de 1980 coloquem em destaque a importância da comunidade para o turismo (Murphy, 1985; Murphy e Murphy, 2004).

No caso do Brasil, os Planos Nacionais de Turismo e vários planejamentos regionais têm procurado evitar as distorções provocadas por interesses de mercado que não respeitem os interesses coletivos, inclusive outros fatores mercadológicos conflitantes. Um grande campo de conflitos refere-se às instâncias que decidem questões ambientais, sociais ou culturais e suas relações com práticas econômicas e políticas ligadas ao desenvolvimento em geral e do turismo em particular.

O que os planejadores fazem?

Conforme assinalado por Campbell e Fainstein (2003, p. 9), a abrangência de abordagem tem sido usada como uma das principais razões para justificar um planejamento. Entretanto, essas abordagens abrangentes sofreram críticas em alguns pontos. Primeiro, até que medida os planejadores são dotados da capacidade de análise e coordenação, além do conhecimento necessário para elaborar abordagens abrangentes para lidar com situações de variadas complexidades. Em segundo lugar, a noção de "abrangência" geralmente implica o ideal de interesse público, mas, na prática, o planejamento pode servir apenas para dar voz aos interessados de maior poder político e econômico, caso os outros *stakeholders* não estejam disponíveis ou dispostos a participar (Pforr, 2001; Timothy e Tosun, 2003; Treuren e Lane, 2003).

Dentro da área de planejamento turístico, a questão da abrangência é de suma importância, visto que normalmente se justifica o planejamento turístico em termos de uma integração de objetivos econômicos, sociais e ambientais (Getz, 1986; Gunn, 1994; Murphy e Murphy, 2004; Ruhanen, 2004). No entanto, a possibilidade de se conseguir efetivar tal nível de integração no planejamento propriamente dito é discutível. De fato, as críticas que Campbell e Fainstein (2003) fizeram à aplicação geral do planejamento abrangente podem ser aplicadas especificamente ao planejamento turístico:

> Os planejadores costumavam discutir a função propriamente dita do planejamento baseando-se exclusivamente nos méritos dos próprios conceitos (por exemplo, planejamentos em larga escala contra os de pequena escala; de cima para baixo e não de baixo para cima), à medida que ignoravam as forças políticas e econômicas que tinham o poder de moldar e limitar o planejamento. A articulação e a eventual objeção ao planejamento abrangente foi parte de uma expansão da teoria de planejamento para além dos limites do planejamento territorial, passando a lidar também com políticas sociais e econômicas (Campbell e Fainstein, 2003: 9).

Esse último ponto é extremamente relevante, já que o planejamento de destinos turísticos também se expandiu de forma considerável para abarcar políticas econômicas e sociais, além das abordagens baseadas no planejamento territorial já utilizadas. Como exemplo disso, temos o aumento do interesse no turismo de baixa renda, em países em desenvolvimento, além do investimento no fortalecimento de cidades e de destinos competitivos no mundo desenvolvido. A expansão observada nas abordagens de planejamento turístico é o assunto da próxima seção.

MUDANÇAS NAS ABORDAGENS AO PLANEJAMENTO TURÍSTICO

As abordagens ao planejamento de destinos turísticos mudam com o tempo por conta de:

- mudanças nos conceitos que norteiam o planejamento – "novas" constatações e avanços teóricos que transformam a maneira de se pensar planejamento, tais como sustentabilidade e cidades criativas, ou desenvolvimentos conceituais, como os associados ao conceito de governança;

- mudanças no ambiente externo do destino turístico – novos desafios que surgem como resultado de desenvolvimento fora do destino em questão, tais como as que dizem respeito à evolução da concorrência de outras localidades, assim como formas variadas de alterações sociais, econômicas e ambientais;

- três mudanças no próprio destino turístico – mudanças ambientais ou na política de uso territorial; mudanças políticas que possam afetar a base de recursos ou a acessibilidade relativa do destino em questão.

É importante ressaltar que os diferentes tipos de mudanças estão geralmente interligados, e é raro que ocorram de forma isolada. No planejamento turístico, um bom exemplo disso diz respeito a tudo o que se relaciona ao ambiente.

Mudanças na forma de ver o ambiente no meio turístico

Nosso entendimento sobre mudanças ambientais e sua importância como um fator no planejamento turístico evoluiu não apenas como resultado das alterações ocorridas no ambiente físico – tais mudanças ocorrem muito antes de determinada localidade ser alçada à posição de destino turístico. Essa evolução aconteceu porque nosso entendimento acerca da importância do ambiente físico também mudou com o aparecimento de uma ética ambiental mais sólida no campo dos estudos turísticos (Gössling e Hall, 2006).

Na década de 1950 – quando o turismo cresceu rapidamente no mundo pós-Segunda Guerra Mundial, graças ao aumento na compra de carros e na renda pessoal –, a área era vista primariamente como um setor econômico com grande potencial para ajudar economias nacionais e regionais, além de oferecer um número maior de oportunidades de lazer para os trabalhadores.

Porém, com o surgimento, entre os anos 1960 e 1970, de movimentos de impacto a favor da preservação ambiental, os efeitos negativos causados no meio ambiente pelos avanços industriais e pela urbanização chamaram a atenção do público. No entanto, ainda nessa época o turismo foi visto como uma forma relativamente benigna de avanço econômico – ainda mais se comparado aos efeitos mais imediatos (como a poluição) causados pelas grandes indústrias. Além do mais, os impactos do turismo eram vistos como sendo de natureza "local" (por exemplo, problemas de erosão ou superlotação de praias), o que fazia com que não se encaixassem na perspectiva mais "global" adotada nas análises turísticas de hoje em dia, que evidenciam problemas como mudanças climáticas, poluição marinha e devastação da biodiversidade.

Gössling e Hall (2006) argumentam que foi apenas com a publicação, em 1975, de *Die landschaftsfresser* (*Os devoradores de paisagem*, em tradução livre), obra do acadêmico suíço da área de turismo e ambientalista Jost Krippendorf, que os impactos ambientais causados por essa atividade começaram a receber uma atenção maior do público na Europa continental. Embora a questão desses impactos em ambientes específicos já tivesse sido debatida anteriormente em alguns países de língua inglesa, "não houve uma publicação, que suscitasse debate público sobre os impactos ambientais do turismo como a de Krippendorf". Em vez disso, o turismo costuma aparecer como algo que causa impacto negativo "em alguma outra coisa". (Gössling e Hall, 2006: 13)

O final da década de 1970 e o começo da de 1980 trouxe novas ferramentas metodológicas para se analisar as mudanças ambientais, uma vez que o turismo aumentara o impacto humano em ambientes naturais (como parques e reservas naturais). Por exemplo, conceitos como capacidade de carga, tornaram-se cada vez mais importantes, bem como os estudos sobre impacto ambiental limites aceitáveis de mudança (O'Reilly, 1986; Hall e Page, 2006).

Os anos 1980 também testemunharam o surgimento de novos conceitos no meio turístico, como *turismo sustentável* e *ecoturismo*. O termo *desenvolvimento sustentável* passou a ser usado em conjunto com turismo (ver Butler, 1991, 2000; Hall e Lew, 1998) após a publicação relatório da Comissão Mundial sobre Meio Ambiente e Desenvolvimento (WCED, do inglês World Commission of Environment and Development) – o relatório Bruntland, de 1987 –, embora já tivesse sido ligado ao turismo e à Estratégia Mundial de Conservação antes de a WCED tê-lo feito. Independentemente, o conceito de *turismo sustentável* se tornou uma nova e significativa abordagem para o planejamento turístico, já que enfatizava as inter-relações entre as mudanças ambientais e os fatores sociais, econômicos e políticos capazes de influenciar essas mudanças (Hall, 2000).

Esse conceito também ofereceu uma nova forma de se "ver" a natureza dos problemas ambientais, já que não se relacionavam apenas ao ambiente físico, mas também aos setores sociais e econômicos. O fato de a sustentabilidade ser uma questão de alcance "internacional" também ajudou a levantar perguntas sobre a dimensão dos impactos do turismo e a forma como precisavam ser compreendidos (ver capítulo 8). Assim, em vez de propagar a noção de que, no meio turístico, os problemas ambientais deviam ser entendidos como algo local e que influenciava apenas o destino em questão, o conceito de turismo sustentável abriu as portas para a ideia de que o turismo afetava essas mudanças ambientais em uma escala global e por elas era afetado (Gössling, 2002).

Por conta disso, nosso entendimento acerca do papel do ambiente no turismo mudou com o tempo, simultaneamente às mudanças sofridas pelo impacto empírico do turismo e aos avanços das técnicas de gestão. Isso é algo importante, porque indica que o "problema" do planejamento também sofreu alterações com o tempo.

Embora as mudanças tenham sido a tônica de nosso entendimento acerca das questões de planejamento de destinos turísticos, houve também continuidade. Talvez a mais importante preocupação que permaneceu seja a de achar um ponto de equilíbrio entre o desenvolvimento econômico e o bem-estar público (incluindo-se aí a qualidade do ambiente físico).

Apesar disso, embora algumas preocupações tenham sido constantes entre os planejadores, os pontos de vista sobre como se cumprir os objetivos estipulados – em especial com relação a qual deveria ser o papel dos setores público e privado – mudaram em face dos novos entendimentos a respeito das capacidades dos governos (ver capítulo 6).

CINCO TRADIÇÕES DO PLANEJAMENTO TURÍSTICO

Pode-se identificar cinco tradições do planejamento de destinos turísticos (Getz, 1986; Hall, 2000), a saber:

1. ufanismo;
2. uma abordagem econômica, voltada à indústria;
3. uma abordagem físico-espacial;
4. uma abordagem comunitária;
5. uma abordagem visando ao turismo sustentável.

Tais tradições são, em linhas gerais, consecutivas, embora não sejam mutuamente exclusivas e possam, inclusive, ocorrer ao mesmo tempo (**Tabela 8.1**). Essa seção descreve de maneira breve cada uma dessas abordagens, além de suas implicações para o planejamento de destinos turísticos.

Ufanismo

O *ufanismo* é, de certa forma, um tipo de não planejamento. O termo se refere à postura simplista de encarar o desenvolvimento turístico como algo inerentemente bom, que trará benefícios instantâneos à localidade em que ocorre. O ufanismo faz parte de uma postura em relação ao desenvolvimento por meio da qual "toda forma de crescimento é bem-vinda" e que quaisquer externalidades negativas advindas dos avanços turísticos serão superadas pelos benefícios. Sob a óptica ufanista, o principal problema de planejamento é atrair o máximo de pessoas possível a um determinado local.

Tabela 8.1 — Linha do tempo para as tradições do planejamento turístico

Datas	Ufanismo	Econômica	Físico-espacial	Comunitária	Sustentável
1850	Surgiu nos anos 1850 com o advento do turismo em massa industrializado				
1890	Surgiu no final dos anos 1890, após discussões sobre alternativas de desenvolvimento para destinos em áreas naturais	Surgem os precedentes com relação à preservação de áreas naturais, embora ainda secundárias às abordagens econômicas			Precedentes do desenvolvimento sustentável nos debates sobre "rendimento sustentável" na administração florestal
1930	O papel do estado na gestão da economia adquire extrema importância	Zoneamento territorial se consolida como técnica no planejamento urbano e regional	Ideia do planejador como especialista já consolidada no planejamento urbano e regional		
1960		A análise econômica das decisões relativas ao desenvolvimento se torna prática comum	Surgimento dos movimentos modernos de preservação, com agências ambientais sendo formadas pela primeira vez	Ideia do planejador como especialista passa a ser contestada no final dos anos 1960 e começo dos anos 1970	Programas da ONU sobre *Habitat*, Humanidade e Biosfera começam a ser desenvolvidos no final dos anos 1960
1980	Abordagens políticas neoconservadoras com relação ao papel do Estado dá aos ufanistas um papel de destaque nas coalizões de crescimento de destinos turísticos	Análise econômica passa a ser prática dominante no planejamento público e na tomada de decisões	Abordagens espaciais perdem espaço à medida que abordagens público-privadas se tornam populares estratégias de planejamento	Aplicação cada vez maior de abordagens comunitárias ao turismo através de práticas de participação pública	O desenvolvimento sustentável aparece como conceito-chave na Estratégia Mundial de Conservação e também no "relatório Brundtland"

(continua)

2000	Papel das coalizões de crescimento reforçado pelo surgimento do conceito de guerra de lugares e da competição entre destinos turísticos	Análise econômica retém sua dominância. As Certification for Sustainable Tourism (CSTs) se tornam importantes instrumentos de avaliação, e a ideia de competitividade passa a influenciar o planejamento de destinos turísticos	Ferramentas de planejamento espacial seguem válidas, em especial como resultado de novas tecnologias de informação geográfica; planejamento espacial é abordado em múltiplos níveis	Participação é padrão na maioria dos planejamentos, embora na medida em que isso afeta os resultados tenha se tornado algo discutível	Turismo sustentável vira um conceito significativo no planejamento, embora sua aplicação seja motivo de controvérsia; aumenta a preocupação com as mudanças ambientais no mundo

Hall (2000, 2008)

Abordagem econômica

A tradição econômica, no planejamento turístico, ressalta o papel do turismo no desenvolvimento e crescimento econômico de uma região ou país. Essa tem sido a abordagem dominante ao se planejar destinos turísticos a partir do momento em que as localidades passaram, de forma consciente, a tentar atrair turistas e consolidar o setor. Embora o papel da análise econômica tenha mantido seu caráter de parâmetro determinante dentro do planejamento de destinos turísticos, houve mudanças na escala das análises.

No caso da análise econômica, a ênfase de um planejamento foca os impactos econômicos do turismo e a forma mais eficiente de usá-los para gerar receitas e empregos para comunidades, regiões ou países. Sempre se deu uma atenção especial às formas de medição de impactos econômicos do turismo. Nos últimos anos, isso implicou a criação de inúmeras contas-satélite turísticas, tanto em âmbito regional quanto nacional. Além disso, houve um enfoque na concorrência entre destinos turísticos e desenvolvimento de abordagens que fortalecem essa competitividade, como agrupamentos e rede de comunicação (Michael, 2007).

Todavia, o papel do turismo no desenvolvimento regional é tido como discutível, visto que um enfoque no desenvolvimento turístico pode não ser a melhor estratégia em termos de competitividade regional (Malecki, 2004).

Apesar do desenvolvimento de novas técnicas para a análise econômica do turismo, vários estudos na área voltados para o destino de viagens têm como mote os impactos brutos do turismo, em vez de optar por uma análise mais sofisticada, que avalie os benefícios e custos de se desenvolver o turismo, além de seus custos de oportunidade. Além do mais, as abordagens econômicas são criticadas por falharem em incluir em sua análise fatores sociais e ambientais que, na opinião de alguns interessados, podem não ser muito bem representados por meio de um paradigma econômico.

Tradição físico-espacial

A abordagem físico-espacial tem suas origens no trabalho de profissionais do planejamento territorial urbano e regional, geógrafos e ambientalistas que defendem a adoção, por parte do planejamento de destinos turísticos, de uma abordagem que leve em consideração fatores como a capacidade de renovação dos recursos naturais, as interações espaciais, a organização espacial e o desenvolvimento e planejamento regionais.

Embora nessa abordagem as considerações econômicas ainda constituam um tópico de importância, seu desenvolvimento é visto como dependente do "uso inteligente" dos recursos naturais. Por isso, considerações ambientais podem ter prioridade sobre aspectos econômicos aparentemente mais prementes, a fim de se manter abertas opções de gestão em longo prazo. Algumas das principais abordagens de planejamento dessa perspectiva são: capacidade de carga; avaliação de riscos; compreensão da postura, comportamento e ideias dos interessados; avaliação de recursos e panorama natural; verificação e alocação de recursos; tomada de decisões e avaliação e o desenvolvimento dos arranjos institucionais adequados.

Muitas das técnicas dessa tradição têm sido aplicadas em áreas naturais (como parques nacionais) e em áreas mais periféricas. Já as tradições econômicas são as mais usadas quando se trata de locais mais urbanizados, e também das decisões envolvendo políticas de maior alcance por parte dos governos nacionais e regionais.

Planejamento turístico comunitário

A abordagem comunitária de planejamento turístico surgiu na década de 1970 e foi influenciada por dois fatores. Primeiro, uma ideia cada vez mais forte de que o desenvolvimento turístico não era puramente benigno, pois apresentava impactos culturais, econômicos e ambientais em algumas comunidades. Segundo, a compreensão, na área de planejamento urbano e regional, de que as comunidades interessadas precisam ser envolvidas no processo de tomada de decisões, caso se quisesse assegurar o sucesso das futuras intervenções.

Apesar de o planejamento turístico voltado à comunidade ser empreendido pelas áreas de pesquisas em turismo antes de sua legitimação, uma das afirmações mais influentes sobre essa abordagem com relação ao desenvolvimento turístico foi feita por Murphy em sua obra de 1985, *Tourism: a community approach* (*Turismo: uma abordagem comunitária*). Nela, Murphy defende a adoção de uma abordagem "ecológica" para o planejamento turístico, que enfatize a necessidade de controle local do processo de desenvolvimento. Um componente-chave dessa abordagem é a noção de que, ao se satisfazer as demandas da comunidade, seja possível, também, satisfazer as demandas dos turistas. Apesar do irrefutável apelo de um conceito de ganho mútuo em muitos destinos, essa abordagem não foi tão disseminada quanto se poderia imaginar. Isso ocorreu porque:

a. a abordagem era mais cara e exigia mais tempo de formulação do que as outras;

b. era ambígua com relação à definição de quem comandava os processos de tomada de decisão;

c. os resultados do processo de consulta e os planos subsequentes geralmente não se encaixavam nos planos de ação da indústria turística e dos governos, que eram claramente mais voltados aos aspectos econômicos.

Apesar disso, a abordagem teve influência sobre o planejamento de destinos turísticos (Timothy e Tosun, 2003) em alguns aspectos. Ela promoveu certo nível de consulta e participação pública nos processos de planejamento – ainda que, em alguns casos, isso tenha sido visto como politicagem, pois as consultas podiam se limitar a conversas com os *stakeholders* do setor, em vez de serem abertas à comunidade em geral. Além disso, em algumas jurisdições, ela incentivou a realização de avaliações sobre o impacto social relativo a grandes avanços turísticos. Mais recentemente, essa abordagem ajudou a destacar a participação geral e a igualdade como fatores a serem levados em conta no desenvolvimento turístico, algo que foi de suma importância para o conceito de turismo de baixa renda. Aliás, essa última área apresenta uma interseção das abordagens econômica e comunitária; já as abordagens comunitária e espacial se sobrepõem, principalmente em iniciativas de planejamento local e regional, e também em práticas de consulta pública no caso do uso de áreas naturais ou tombadas como patrimônio (Singh et al., 2003).

Turismo sustentável

A última abordagem de planejamento de destinos turísticos é a sustentável. Embora apresente antecedentes históricos que remontem à década de 1870, a abordagem de turismo sustentável entrou na sua fase atual de interpretação teórica na de 1980, após o surgimento do paradigma do desenvolvimento sustentável (Hall e Lew, 1998).

De acordo com Brake e Newton (1995, p. 117), o verbo "sustentar" deriva do latim *sustineo*, que significa "manter vivo, defender", e tem outros significados, como "aguentar, suportar", e "preservar". A ideia de sustentabilidade veio a incorporar todos esses significados.

O objetivo primário do desenvolvimento sustentável é assegurar meios de subsistência duráveis e seguros, que minimizem o esgotamento de recursos, a degradação ambiental, a ruptura cultural e a instabilidade social. O relatório da Comissão Mundial sobre Meio Ambiente e Desenvolvimento (WCED) – o relatório Bruntland, de 1987 –, ampliou o objetivo básico que havia sido estabelecido para o desenvolvimento sustentável na Estratégia Mundial de Conservação para englobar as ideias de igualdade, a necessidade de um mínimo adequado para a situação econômica das populações e o conceito de limitações sociais e tecnológicas sobre a capacidade do meio ambiente de satisfazer as demandas atuais e futuras.

As ideias em torno do desenvolvimento sustentável foram bastante influentes no discurso que permeia o planejamento de destinos turísticos, além de afetar a legislação que regula a questão dos planejamentos. No entanto, transformar os princípios do desenvolvimento sustentável em intervenções bem-sucedidas de planejamento mostraram-se uma tarefa extremamente complexa. Dentre os problemas principais, temos:

- a escala de tempo em que as abordagens sustentáveis operam é maior que a faixa de tempo normalmente reservada ao planejamento;
- a escala espacial também é maior, uma vez que as abordagens sustentáveis evidenciam a internacionalização de vários dos fatores que afetam a sustentabilidade – mudanças climáticas e globalização econômica, entre outros. Isso significa que tais questões precisam ser tratadas por intermédio de esforço e cooperação internacionais (ver capítulo 6);
- a sustentabilidade é uma abordagem que prega a integração de métodos de planejamento socioculturais, ambientais e econômicos. Tal situação requer uma gestão criteriosa, além de conjuntos de qualificações em planejamento que permitam a resolução de problemas pós ou multidisciplinares, e também novos esquemas institucionais;
- implantar o desenvolvimento sustentável em um determinado lugar é diferente de aplicar o desenvolvimento de turismo sustentável nesse mesmo local. Embora o turismo possa ser considerado sustentável em alguns lugares, é perfeitamente possível que, em dadas situações, ele não contribua com a situação geral de sustentabilidade – ele pode às vezes até gerar uma situação de não sustentabilidade. Por exemplo, conforme mostrado no capítulo 1, a emissão de gases de efeito estufa, pelos meios de transporte usados pelo turismo, contribui para as mudanças climáticas no mundo inteiro, e não apenas nos destinos turísticos visitados por cada turista. Essa é uma situação que impõe um sério desafio ao turismo.

Várias estratégias de planejamento foram citadas como imprescindíveis para se elaborar uma abordagem sustentável de turismo:

1. sistemas de controle integrados e cooperativos: o planejamento integrado procura coordenar seus processos em diferentes etapas de uma forma mais cooperativa. A noção de "orientação" dentro da ideia contemporânea de governança é, em parte, importante para esses processos (ver capítulo 6);

2. desenvolvimento de mecanismos de coordenação do setor: o turismo tem um histórico de ser uma área fragmentada. O desenvolvimento de mecanismos para propiciar uma melhor coordenação é visto como uma forma de se melhorar a colaboração entre as empresas e os destinos turísticos, fazer com que busquem objetivos similares e tornar a comunicação mais eficiente entre os interessados da indústria e os responsáveis pelas decisões;

3. aumento da consciência do consumidor: a natureza do consumo dos turistas afeta

a base de recursos de cada destino turístico; sendo assim, mudanças nos padrões de consumo podem levar a melhores resultados econômicos, sociais e ambientais. Nos últimos anos, notou-se um crescimento na onda do consumo consciente – consumidores que refletem acerca de suas compras e optam por adquirir produtos que privilegiem critérios como preservação ambiental, direitos humanos e agricultura orgânica. Esse consumo voltado às ações mais conscientes influenciou bastante o turismo, levando ao aumento das considerações éticas na área, ao desenvolvimento de códigos de conduta turística, à consolidação de tipos especiais de turismo (como o turismo voluntário) e até a boicotes de certas localidades que utilizam trabalho escravo, exploram o trabalho infantil, têm governos ditatoriais ou não respeitam códigos ambientais;

4. aumento da consciência dos fabricantes: tornar a produção turística mais sustentável é um ideal que pode ser atingindo por um coletivo de políticas normativas e voluntárias. Instruir fabricantes sobre como tornar seus produtos mais sustentáveis é uma forma de garantir que os destinos turísticos nos quais estão situados também se beneficiem; em alguns casos, ter mais produtos sustentáveis à disposição pode fazer crescer o interesse nesses produtos em alguns mercados. Vários grupos de fabricantes elaboraram códigos de conduta e prática aceitáveis, em um esforço para fazer com que seus negócios não agridam o meio ambiente;

5. planejamento estratégico: isto exige um processo que pressuponha a integração dos vários interessados, além de uma estrutura sólida em termos de eficiência de análises, elaboração de objetivos claros e mensuráveis, processos de avaliação e monitoramento, e uma estratégia bem definida de implementação. Um dos fatores mais importantes nesse planejamento estratégico para a sustentabilidade é a definição de indicadores relevantes que sejam mensuráveis, que atinjam os objetivos estipulados e sejam consenso por parte dos interessados, tanto em sua relevância quanto em seu procedimento em relação à interpretação dos resultados. Quando se realiza isso com sucesso, a aceitação da fase de intervenção e a administração das mudanças, por parte dos *stakeholders*, é bem maior do que em uma abordagem não estratégica;

6. regulamentação reforçada: se todas as medidas voluntárias para se promover a sustentabilidade falharem, reforçar a regulamentação pode ser o único caminho viável. Há uma série de medidas com potencial normativo, mas algumas das mais populares incluem: aumento nos valores cobrados; novos regimes de impostos; licenças e autorizações. Entretanto, normalmente os governos têm medo da retaliação do setor e da população quando considera a instituição desse tipo de medida – em especial se isso resulta no encarecimento de viagens ou produtos.

CAPÍTULO 9
Marketing e atribuição de marca ao destino turístico contemporâneo

OBJETIVOS DO CAPÍTULO

Após terminar a leitura deste capítulo, você deverá ser capaz de:

- entender o processo e os resultados do *Marketing* de Destinos Turísticos contemporâneos;
- reconhecer a importância de trabalhar com todos os interessados ao se fazer o *marketing* de um destino de viagens;
- compreender a formação e as características das marcas vinculadas a destinos;
- avaliar a estrutura e as funções das organizações de *Marketing* de Destinos;
- reconhecer que o *Marketing* de Destinos Turísticos é uma atividade com inúmeras questões relacionadas à capacidade intrínseca que um destino turístico tem de ser comercializado na posição de equivalente a determinado produto ou marca.

INTRODUÇÃO

Este capítulo oferece uma visão geral do *marketing* e da atribuição de marca relacionados aos destinos de viagem contemporâneos. O capítulo demonstra que um dos pontos principais para os responsáveis pelo *marketing* de uma localidade é a imagem desse lugar; ainda assim, esse é um aspecto muito difícil de ser influenciado e mudado. A importância da imagem do lugar mostra que o *Marketing* de Destinos de viagens é um processo mais estratégico do que tático.

A atribuição de marca a um destino turístico também precisa ser vista como uma atividade de cunho estratégico, já que está intimamente ligada à imagem do lugar, e requer o envolvimento próximo do grupo de interessados em comercializar o lugar para a elaboração e a aceitação da marca.

Lógico que hoje em dia esse processo é facilitado pela tecnologia. A internet oferece um meio de *marketing* para destinos turísticos muito barato e eficiente, e que também dá a chance para a criação de portais informativos sobre as localidades – isso garante um senso de propriedade ao grupo de interessados.

As Organizações de *Marketing* de Destinos Turísticos (DMOs) lideram nos avanços tecnológicos para destinos turísticos e para o *marketing* em geral. Elas funcionam como agências de *marketing* geral e consolidam o papel de parceiros dos destinos. O capítulo termina com a identificação de uma série de questões envolvendo o *Marketing* de Destinos turísticos, incluindo o papel do setor público, o envolvimento de interessados no local, a natureza do destino turístico como produto, e a dúvida se a teoria de *marketing* pode – ou deve – ser estendida para cobrir localidades e destinos turísticos.

MARKETING E ATRIBUIÇÃO DE MARCA AO DESTINO TURÍSTICO CONTEMPORÂNEO

O *marketing* e a atribuição de marca a um destino turístico contemporâneo são tanto um processo quanto um resultado. O processo, nesse caso, envolve lidar com as complexidades dos destinos turísticos e a vasta quantidade de interessados. O resultado é a marca a que o local foi vinculado, ou a imagem desse local. Em outras palavras, o bom profissional de *Marketing* de Destinos Turísticos concentra-se em duas operações principais: gerenciar os vários interessados e as redes de comunicação do lugar e elaborar e gerir a marca do destino em questão. As definições do *Marketing* de Destinos Turísticos fazem menção à distinção entre o processo do *Marketing* de Destinos e os resultados, conforme ilustra a **Tabela 9.1**

Ward (1998) observa que o *marketing* de lugares remonta historicamente à venda da fronteira do "velho oeste" aos norte-americanos, na metade do século XIX. O *Marketing* de Destinos Turísticos começou mais tarde, já no final do mesmo século, quando tais destinos buscavam atrair visitantes em um mercado cada vez mais competitivo. No entanto, o termo "*Marketing* de Destinos Turísticos" e o processo formal de se envolver em uma abordagem disciplinada são mais recentes. Pode-se estabelecer sua origem na década de 1970, quando o surgimento do turismo internacional de massa aumentou a concorrência entre destinos e estimulou a prática do *Marketing* de Destinos Turísticos. O conceito evolui e uma visão ganha cada vez mais espaço, a de que a "atribuição de marca" é o que mantém o *marketing* de uma localidade intacto. Tanto é que alguns usam o termo "Atribuição de Marca a Destinos Turísticos" em vez de "*Marketing* de Destinos Turísticos". As agências de turismo não estão sozinhas em sua prática desse tipo de *marketing*, também lançam mão dele planejadores urbanos cuja visão é mais ampla, holística, e inclui objetivos sociais e econômicos.

Tabela 9.1 — Definições do processo e do resultado do *Marketing* de Destinos Turísticos

O processo
A atribuição de marcas é o processo usado para desenvolver uma identidade e personalidade únicas, que sejam diferentes de todos os competidores. (Morrison e Anderson, 2002: 17)
A atribuição de marcas é uma atividade extremamente complexa e altamente política, que pode melhorar a economia de uma nação, sua imagem e identidade. (Morgan et al., 2004: 14)
O *marketing* de lugares é "o uso consciente de publicidade e *marketing*, com o intuito de transmitir imagens selecionadas de localidades geográficas a um público-alvo." (Gold e Ward, 1994: 2)
O *marketing* de destinos turísticos pode ser definido como a promoção de imagens convidativas a fim de se atrair visitantes para um destino turístico já definido. (Middleton, 2000: 378)
Seleção de um *mix* de elementos consistente, para identificá-lo e distingui-lo [o destino turístico] por meio de uma construção de imagens positivas. (Cai, 2002: 722)

O resultado
Uma marca de destino turístico é um nome, símbolo, logomarca ou qualquer outro elemento gráfico que sirva para identificar e diferenciar o destino em questão; além do mais, ela transmite a promessa de uma viagem inesquecível, que está associada de forma exclusiva àquele destino; ela também consolida e reforça a recordação de momentos agradáveis da experiência em um destino turístico. (Ritchie e Ritchie, 1998: 17)
A imagem de um país é "a soma de crenças e impressões que as pessoas têm sobre certos lugares. As imagens representam uma simplificação do grande número de associações e dados vinculados a um único lugar." (Kotler et al., 1993)

O *Marketing* de Destinos Turísticos contemporâneos tem um espectro de operações bastante amplo – desde o internacional até o local. Propiciar competitividade entre destinos e benefícios para as localidades é essencial para as atividades das organizações de turismo. Tais benefícios têm como foco a questão da diferenciação e da competitividade, e incluem:

- assegurar o vínculo emocional e a fidelidade dos visitantes;
- a coordenação entre o setor privado e outros interessados por meio do *marketing* cooperativo;
- atuar como base para a promoção de outros produtos, como investimentos, avanços econômicos, cinema e TV;
- facilitar e encorajar o uso de produtos e projetos locais;
- facilitar a comunicação de mercado, sem interrupções, sobre o destino em questão.

No entanto, para ter sucesso, o *Marketing* de Destinos Turísticos contemporâneo tem de se envolver diretamente com as complexidades do lugar – não apenas em termos da necessidade de ser inclusivo no desenvolvimento da marca, mas também de saber lidar com a natureza do produto oferecido e o processo de consumo. Morgan et al., (2004) dizem que os destinos turísticos são indicadores de estilo de vida para visitantes inspiradores, comunicando sua identidade e seu *status*. O consumo desses visitantes é uma experiência bem envolvente, planejada e rememorada extensivamente, em oposição à compra e consumo de produtos de consumo rápido (FMGCs, do inglês Fast Moving Consumer Goods).

Por essas razões, um destino turístico é mais que um produto – é o espaço físico onde o turismo acontece e as comunidades vivem e trabalham, um lugar recheado de simbolismo e de imagens que transbordam cultura e história. É também o espaço em que turistas e fornecedores interagem para que a experiência de turismo seja concretizada.

IMAGEM DO DESTINO TURÍSTICO

Entender a formação e as características da imagem de um destino turístico é imprescindível para o *Marketing* de Destinos contemporâneos. A imagem de um destino turístico pode ser definida como:

> a postura, a percepção, as crenças e ideias a respeito de uma área geográfica em particular, e que são formadas pela imagem cognitiva de um destino específico. (Gartner, 2000: 295)

Trocando em miúdos, a imagem de um destino turístico é a versão simplificada da realidade, uma forma de se extrair sentido de todos os estímulos saídos do destino turístico que são recebidos e processados pelo visitante (ou visitante potencial). A imagem de um destino é decisiva para o seu *marketing*, já que ela é capaz de afetar a percepção individual de alguém sobre um dado lugar e também afetar sua escolha pelo lugar.

A geração dessa imagem é diferente dos outros produtos de consumo rápido (alimentos, roupas) porque são os próprios turistas que geram uma imagem, pela seleção de diferentes fontes de informação. Como resultado, os profissionais do *Marketing* de Destinos têm uma influência bem menor na formação de imagens, muito embora elas sejam de importância crucial na hora da escolha da localidade. A imagem é tão importante pelas seguintes razões:

1. a natureza intangível do produto relacionado ao destino turístico significa que a imagem é a única evidência que o turista tem antes de visitar o lugar. Para ele, as possibilidades são incertas, e as decisões todas dependem do que foi construído em sua mente, algo que serve de substituto para o produto real na hora de avaliá-lo. Nesses termos, o desafio do *marketing* é compreender o vínculo complexo entre a tomada de decisão de um consumidor e a imagem do local em questão;

2. a inseparável natureza dos processos turísticos de produção e consumo significa que, uma vez que o visitante lá esteve, a imagem que ele guarda do local será imediatamente modificada pela experiência de estar realmente lá.

Apesar de a formação de imagem não ser o mesmo que atribuição de marca, elas estão intimamente relacionadas. Isso porque a escolha da marca e seus atributos para um destino reforçam a imagem desse lugar.

Componentes da imagem de um destino turístico

As teorias de imagem de destino turístico são divididas em dois campos. O primeiro sugere que a imagem de um destino turístico pode ser desmontada e separada em vários atributos e elementos que, por sua vez, podem ser mensurados. O segundo – a abordagem *gestalt* – diz que a imagem é um todo, um elemento holístico que não pode ser desmontado.

Gartner (1993) oferece um esquema interessante para facilitar o entendimento das imagens de destinos turísticos e seu vínculo com a atribuição de marca a um lugar. Ele diz que uma imagem é composta de três elementos distintos, mas relacionados de forma hierárquica: componentes, formação e características:

1. *componentes*: a imagem tem três componentes – cognitivo, efetivo e conativo:

- *o componente cognitivo* compreende as crenças e posturas voltadas para o destino em questão, e leva a uma avaliação particular dos atributos do local. Tal avaliação se baseia em fatos (ou no que se pensa que são fatos) adquiridos ao longo do tempo e de várias fontes. Do ponto de vista do turista, a imagem resultante é a realidade;

- *o componente efetivo* representa o valor do destino em termos daquilo que o turista quer do local, com base em sentimentos ou motivos pessoais. É essa comparação de uma imagem com as necessidades do turista que determina o valor final;

- *o componente conativo* é o componente de ação. É a decisão de visitar o local, baseada na avaliação e no valor, depreendidos nos dois primeiros componentes.

2. *Formação*: a formação da imagem é baseada em informações coletadas de três fontes diferentes pelo turista:

- *agentes* induzidos costumam ser controlados por terceiros, e não pelo próprio turista, como no caso das propagandas;

- *agentes* orgânicos são fontes encontradas por meio de experiência pessoal. Normalmente são as fontes de informação em que mais se confia;

- *agentes* autônomos são elementos da mídia ou cultura popular (como filmes e documentários). São itens poderosos, porque têm a capacidade de alterar, em um piscar de olhos, a imagem que um turista tem de determinado lugar.

3. *Características*: as imagens são caracterizadas por alguns atributos:

- a distância embaça a imagem de um lugar, de modo que locais mais distantes parecerão mais borrados e encobertos que os mais próximos;

- as imagens mudam continuamente, embora lentamente;

- quanto menor a imagem, mais provável é que ela tenha sido baseada na sua contraparte política de tamanho mais avantajado;

- quanto maior a imagem, mais devagar ela muda.

O papel da imagem no *Marketing* de Destinos Turísticos

As imagens de destinos turísticos são bem difundidas e poderosas, e têm uma função importante no *marketing* e na atribuição de marca a locais. A imagem tem um efeito profundo no comportamento do visitante e no processo de tomada de decisões quanto a que lugar ir. O *Marketing* de Destinos Turísticos tem como enfoque a abordagem ilusoriamente simples de se desenvolver uma imagem positiva por meio de uma promoção. Nesse caso, as imagens são usadas com os seguintes objetivos:

- passar recados e informações sobre os destinos;
- redefinir e reposicionar destinos;
- atacar as imagens negativas e valorizar as positivas;
- direcionar esforços para mercados-alvo específicos.

Sendo assim, o *marketing* tenta administrar a imagem por investigações quanto às percepções sobre o destino, busca segmentar-se e focar em grupos específicos, e posicionar vantagens ali existentes para apoiar as imagens. Na **Tabela 9.2**, a OMT-ONU mostra como é possível classificar as imagens, e como se tomam ações apropriadas de *marketing* para reforçar ou mudar uma imagem.

Tabela 9.2 — Imagem do destino turístico e ação de *marketing* correspondente

Imagem do destino turístico	Ação de *marketing*
Positiva	Foco em amplificar e passar a imagem para os grupos-alvo
Fraca	Lugares pequenos não têm muitas atrações ou não promovem nada
Negativa	Mudança fundamental antes da imagem
Ambígua	Enfatizar itens selecionados e retificar os outros
Contraditória	Grupos diferentes com imagens opostas – enfatiza os pontos positivos para o grupo das respostas negativas
Muito atraente	Retirar a publicidade

Fonte: OMT-ONU (2006).

O caso da marca Brasil

Por mais de 40 anos, o Brasil não teve uma entidade específica para atuar em promoção e *marketing* turístico, tanto nacional quanto internacional. O resultado foram campanhas publicitárias sem parâmetros metodológicos ou pesquisas de mercado, gerando imagens distorcidas sobre a verdadeira identidade e valor histórico-cultural nacional.

Consequentemente, o setor turístico sofreu perdas significativas. A falta de investimentos e atenção do governo pelo turismo fez com que o Brasil perdesse a concorrência para outros países, até mesmos em desenvolvimento (Panosso, Netto e Trigo, 2003: 27).

Muitas instituições do setor (ABAV, ABBTUR, FENACTUR, CNTUR) sentiram essa falta de ação e de políticas públicas de incentivo ao turismo, gerando baixa empregabilidade e *status* ao turismo nacional, o que criou reivindicações e cobranças por parte do setor privado e do terceiro setor (Sanovicz, 2007: 08).

A consolidação do novo papel da EMBRATUR veio com a realização do *Plano Nacional de Desenvolvimento do Marketing de Turismo do Brasil*, batizado de *Plano Aquarela*. Foi um projeto de análise, compreensão e implantação dos fatores e diretrizes para alavancar a participação e melhorar a visibilidade do país no mercado turístico internacional. O trabalho foi feito em parceria com a Consultoria Internacional de *Marketing* de Destinos "Chias *Marketing*" (Chias, 2007).

Foram estudados vários fatores para o embasamento do plano. O primeiro é a identificação de atrativos turísticos (recursos naturais). O segundo fator é a infraestrutura: meios de transportes, comunicações e saúde pública. São serviços que trabalham como apoio operacional à área, sem o qual o turismo dificilmente se desenvolve positivamente. O terceiro fator é o levantamento da condição e qualidade da infraestrutura turística (hotéis, *resorts*, pousadas, agências e operadoras de turismo, restaurantes etc.). O quarto fator é o capital intelectual, a real situação de qualificação e habilitação dos profissionais ligados ao setor turístico, o *know-how*.

Após a articulação desses fatores, tem-se o produto turístico, o conjunto de prestações de serviços (guias, alojamento e hospedagem, alimentação, entretenimento, cultura, diversão) oferecidos de forma planejada (Plano Aquarela, 2003).

Para melhor avaliar esse processo, o Plano Aquarela teve três fases distintas: diagnóstico, a formulação da estratégia de *marketing* e o plano operacional.

O diagnóstico

O diagnóstico é a observação da situação do mercado turístico e o seu entorno. No Plano Aquarela foram analisados a situação da balança turística brasileira e o número de turistas que entraram no país no decorrer dos anos, comparando estes dados aos outros países. Os estudos realizados apontam um baixo crescimento da atividade turística no Brasil na década de 1990, em comparação com a demanda internacional. Com relação à receita gerada pela atividade, em 1990, o país arrecadou menos de R$ 1,5 milhão. Em 2002, a receita girava em torno de R$ 3,5 bilhões, um crescimento abaixo da média mundial.

Em 2001, o turismo internacional nas Américas declinou por conta do atentado de 11 de setembro e a recessão econômica no mesmo período, afetando inclusive o Brasil.

Os dados específicos do Plano Aquarela foram pesquisados em campo e retirados de organismos internacionais, pois, até 2003, não existia no Brasil um sistema confiável de dados estatísticos para o turismo. Até 1998, eram utilizados dados do Departamento da Polícia Federal e, a partir desta data, os dados foram organizados e divulgados para pesquisa do Plano Aquarela pela Fundação de Apoio ao Desenvolvimento da Universidade Federal de Pernambuco (Plano Aquarela, 2003).

Estas informações diagnosticaram fatos relevantes como: o perfil do visitante, os principais portões de entrada do país, a quantidade de desembarques e época em que ocorrem; estadia e gastos médios por turistas; e a importância geral do turismo para a economia brasileira. Com os dados gerados foi possível montar a fase seguinte: a formulação da estratégia de *marketing*.

Formulação da estratégia de *marketing*

O primeiro passo foi "como planejar a imagem dos produtos brasileiros no mundo". A segmentação de mercado proposta reparte a oferta em diferentes produtos: Sol & Praia, Ecoturismo, Turismo Cultural, Turismo Esportivo, Turismo de Negócios.

Todavia, para divisão destes produtos foram necessárias pesquisas em diversificados países, principalmente os principais emissores de turistas para o Brasil, analisando suas preferências e criando as segmentações propostas.

A criação da marca Brasil

No livro *Marketing de lugares: como conquistar crescimento de longo prazo na América Latina e no Caribe*, Kotler afirma que o *marketing* precisa desenvolver posicionamento e imagem fortes e atraentes. Para isso, o Ministério do Turismo criou o Plano Aquarela e, a partir dele, desenvolveu a Marca Brasil. Segundo Chias, em *Turismo – o negócio da felicidade –*, era evidente a vontade de posicionar o Brasil como um país de natureza excepcional e de valiosa cultura viva e dinâmica.

Sendo o *marketing* de imagem a criação e a projeção de um imaginário forte e que consolide a visão que se tem do lugar, foi criado um desenho inspirado na obra de Burle Marx, utilizado para a promoção da marca nacional e internacionalmente.

Ao levar a imagem do Brasil para o exterior, o Ministério do Turismo tenta se livrar dos preconceitos existentes, veiculando propagandas bonitas, coloridas e convidativas nas mídias globais. A nação nunca adotara uma marca ao longo de sua história e, além disso, não houve continuidade da projeção de imagem do país no exterior, por meio dos antigos programas de *marketing*.

Para saber como estava a imagem do Brasil no exterior, foram realizadas pesquisas com turistas que levantaram os pontos fortes do Brasil: recursos naturais e suas belezas; o povo brasileiro, com sua alegria e festividade; a cultura das festas tradicionais; músicas e diversidade patrimonial; o clima quente de sol e praia; e a modernidade em expansão. Esses pontos geralmente não eram ressaltados na promoção internacional do país, deixando espaços para paradigmas negativos, os quais, na opinião dos profissionais brasileiros, ganharam força nos últimos tempos, ocasionando imagem prejudicial ao Brasil, com certa participação negativa da mídia internacional, provocada por problemas de violência, corrupção e impunidade. Outro problema considerável foi a falta de infraestrutura para a recepção dos turistas.

Foram realizadas pesquisas com turistas estrangeiros, potenciais turistas que poderiam viajar ao Brasil e com o público profissional do *trade* interno, a fim de se descobrir quais eram as cores do país para essas pessoas.

As principais tonalidades apresentadas foram verde, amarelo, azul, vermelho e branco.

- o verde representa as florestas;
- o amarelo, o sol;
- o azul, os céus e as águas;
- o vermelho, a cultura e as festas;
- o branco, a religiosidade.

O nome Brasil foi mantido – em português – para afirmação da marca.

O próximo passo foi criar o logotipo da marca:

- manter a identidade nacional, com o nome "Brasil" com a letra "s" como no idioma português, sem tradução;
- manter as cores principais de acordo com as pesquisas realizadas;
- manter relação com o Decálogo referente à modernidade, tendo como base os trabalhos profissionais de Oscar Niemeyer, Lúcio Costa, Portinari e Burle Marx, trazendo o imaginário em questão.

Assim foi realizado um concurso coordenado pela Associação de Designers Gráficos do Brasil (ADG), para a escolha do logotipo da **marca Brasil**, tendo como referência um desenho que ilustra a capa do livro, sobre Burle Marx, e que foi utilizado para o projeto do jardim da cobertura do prédio do Ministério de Educação do Rio de Janeiro.

Após o julgamento, a obra eleita foi a proposta por Kiko Farkas:

Figura 9.1 — Marca Brasil

Parte 4

O setor Contemporâneo do Turismo

CAPÍTULO 10
O alcance do setor de turismo contemporâneo

OBJETIVOS DO CAPÍTULO

Após a leitura deste capítulo, você deverá ser capaz de:

- ter consciência da escala e do alcance da indústria de turismo contemporâneo;
- entender as dificuldades de definir a indústria de turismo contemporâneo;
- ter consciência das várias abordagens existentes para definir o turismo do ponto de vista de fornecimento;
- reconhecer os problemas em se medir a indústria de turismo contemporâneo.

INTRODUÇÃO

O turismo costuma ser descrito como um dos maiores setores do mundo. Números bem altos são usados normalmente para descrever o seu valor e também para falar dos empregos que a área gera. Este capítulo busca colocar as coisas em termos mais reais e diminuir um pouco esse "ufanismo" ao demonstrar que estamos longe de um acordo quanto a como devemos definir o setor de turismo. O capítulo traça um resumo das abordagens atuais que oferecem formas para se tentar definir e medir o turismo. Ele também descreve os problemas encontrados ao se empreender tal tarefa, como o fato de haver muitas indústrias envolvidas no fornecimento do produto turístico. Também demonstra que o turismo tem outros elementos envolvidos na consolidação do seu produto, como governos, comunidades e afins. Depois, resume o último grande avanço no sentido de delimitar as fronteiras e medir apropriadamente o turismo – a Conta Satélite de Turismo (CST), aceita pelas Nações Unidas como o padrão industrial para se mensurar e definir o setor. É uma abordagem que pode ser usada para compará-lo com outros setores da economia, e para alimentar os estrategistas econômicos e planejadores com informações úteis. O capítulo termina com considerações sobre como são medidas as contratações e alguns problemas que surgem nessa questão.

O TAMANHO E O ALCANCE DA INDÚSTRIA DE TURISMO CONTEMPORÂNEO

O Conselho Mundial de Viagens e Turismo – World Travel and Tourism Council (WTTC) é um grupo de *lobby* da área de turismo formado pelas maiores corporações turísticas do mundo. O conselho traçou estimativas quanto ao tamanho e ao alcance do setor, Para isso, utilizou-se de técnicas econômicas bastante sofisticadas. Segundo o WTTC, o setor de turismo e viagens é:

> uma das maiores e mais dinâmicas indústrias da economia global de hoje e deve corresponder a 10,3% do Produto Interno Bruto (PIB) mundial, além de oferecer mais de 234 milhões de empregos (WTTC, 2006: 2).

O conselho ainda afirma que o setor de viagens e turismo representa um dos mais importantes da economia mundial – um negócio de US$ 6 trilhões, que emprega mais de 230 milhões de pessoas, uma fatia significativa de toda a mão de obra disponível no mundo (WTTC, 2006: 1). A pesquisa econômica do conselho (WTTC, 2006c) fornece as seguintes estimativas quanto ao tamanho e o alcance dessa indústria no ano de 2006:

- *demanda*: US$ 6,477 bilhões de atividade econômica;
- *PIB*: o setor de turismo e viagens vale 10,3% do PIB mundial;
- *expansão*: espera-se que o setor cresça 4,2% por ano no período de 2007 a 2016, em termos reais;
- *exportações*: o setor de turismo e viagens gera 11,8% do total mundial de exportações;
- *investimento de capital*: o setor representa 9,3% dos investimentos de capital feitos no mundo.

A grande questão levantada por essas estimativas é como o WTTC conseguiu chegar a elas, e quem ele considera integrante da indústria de turismo e viagens. Esse é um problema crucial, e ocupa o tempo tanto de acadêmicos quanto de políticos, bem como o de lobistas do setor, como o WTTC. O problema é fácil de ser enunciado – como medir a escala e o alcance do setor, visto que o turismo desafia os paradigmas convencionais. Fazer isso é importante porque o turismo é um sistema complexo, além de um grande gerador de empregos e de receitas. Debbage e Loannides (1998) falam sobre a transformação do turismo em mercadoria, fato que originou todo esse mecanismo de produção:

> Embora mudanças na demanda do consumidor e o surgimento de preferências cada vez mais sofisticadas tenham seu papel de destaque no direcionamento do produto turístico, é o próprio "mecanismo de produção" que auxilia a manipular e facilitar o fluxo origem-destino de turistas ao redor do mundo (Debbage e Ioannides, 1998: 287).

Ioannides e Debbage (1998) dão vazão à sua frustração quanto ao fato de ainda não termos conseguido analisar de forma satisfatória a parte de fornecimento do turismo. Eles afirmam que faltam análises de qualidade sobre o turismo como um fenômeno na área de fornecimento, embora ele seja vendido e comprado como uma mercadoria, e essa indústria seja organizada de acordo com o espírito capitalista. Ela, no entanto, apresenta algumas características singulares, tais como:

- trata-se de um setor bastante diversificado. Conta com estabelecimentos de vários tamanhos (empresas de pequeno e médio porte até grandes corporações), de diversos tipos de negócio (Tecnologia de Informação - TI) até prestação de serviços), de setores de mercado variados (transportes aéreos a hospedagem), de classes de organizações distintas (setores público e privado) e também de processos diferentes. Sendo assim, ela é mais um coletivo de setores e indústrias do que um único setor;
- o turismo não é um produto único, e sim uma faixa de produtos e serviços que interagem entre si;
- ele é composto por elementos tangíveis e intangíveis;
- é produzido no local de consumo.

Para agravar a situação, o setor do turismo é mal interpretado (Debbage e Daniels, 1998). Isso acontece porque se trata de algo amorfo e complexo, coberto por uma camada de ambiguidade conceitual e de terminologia imprecisa (o certo é "turismo" ou "viagens"?). O objetivo deste capítulo é dissipar um pouco dessa mística que cerca o assunto, e fornecer descrições claras sobre como se procede, hoje em dia, com a investigação do alcance e da escala da indústria de turismo contemporâneo.

DEFINIÇÕES DO SETOR DE TURISMO CONTEMPORÂNEO

Smith (1988) levanta a preocupação de que essa eterna discordância acerca das definições que norteiam o turismo é algo frustrante e constrangedor, que fere a credibilidade do setor. Tal debate ainda persiste em parte porque os economistas se recusam a aceitar a ideia de que o turismo seja realmente um setor econômico independente, ou uma "indústria", como a língua inglesa o denomina. De fato, mesmo em 2006, a Australian Productivity Commission (Comissão de Produtividade Australiana) decidiu que a definição como um todo tinha de passar por uma revisão, e criou um novo conjunto de definições. Mas por que exatamente é preciso criar definições para o setor de turismo contemporâneo?

1. Para se obter dados e gerar estatísticas de fornecimento. Isso inclui o tamanho do setor, o número de empregos gerados e quais seus reais integrantes, para se delimitar a coleta de dados e fazer comparações legítimas com outros setores da economia (Davidson, 1994).

2. Para fins de legislação. É preciso garantir que as leis e políticas em vigor para o turismo sejam realmente aplicáveis ao setor.

3. Para credibilidade. Definir e compreender o setor propiciará um aumento de credibilidade frente aos governos e outros setores da economia, além de criar um senso de identidade própria.

As definições genéricas sobre um setor ou indústria são baseadas no paradigma de fabricação. Nesse caso, o conceito seria um grupo de firmas independentes, todas lançando o mesmo produto e competindo pelo controle desses produtos intercambiáveis. Outra forma de se abordar a definição é se pensar o setor como um grupo de vendedores de produtos semelhantes entre si para um grupo comum de compradores. Em outras palavras, as definições do que seria um setor econômico voltam-se para a questão do pessoal e das atividades ligadas a certo tipo de negócio, ou a um grupo distinto de empresas produtivas ou geradoras de lucro. Aplicar isso ao turismo é nitidamente problemático pelas seguintes razões:

1. tais definições têm suas raízes no aspecto econômico da fabricação;
2. o crescimento do turismo – e da prestação de serviços em geral – não é levado em conta nessas definições;
3. o setor é pobre em estatísticas, e os dados coletados não são compatíveis com os métodos de medição mais sofisticados, presentes na indústria em geral.

Como resultado, as definições de turismo com base na questão do fornecimento são difíceis de se elaborar e só a partir de 2000 se chegou a um meio-termo. O problema com definições voltadas ao fornecimento é decidir quais negócios e organizações devem ser incluídos na definição do setor, no caso o turismo contemporâneo.

Só que tal processo é mais do que simplesmente a elaboração de uma lista. Existem questões técnicas de grande complexidade a serem trabalhadas. Smith (1996) ilustra esse fato com um exemplo muito prático envolvendo os hotéis. A princípio, você pode se sentir tentado a classificar um hotel como um negócio totalmente voltado para o turismo; no entanto a maioria dos hotéis também lucra de forma significativa com seus negócios locais, na forma de restaurantes e salas de eventos. Como podemos determinar a relação de consumo de produtos do hotel entre os turistas e os que vivem na região para que tenhamos como medir a contribuição real do turismo para a geração de renda e empregos do hotel?

Smith (1988) mostra que as primeiras definições do setor de turismo tinham um enfoque especial no fornecimento de mercadorias:

> O setor ou indústria de turismo pode ser concebido, em linhas gerais, como sendo o representante da soma de todas as atividades comerciais e industriais voltadas para a produção de bens e serviços exclusivamente consumidos por visitantes estrangeiros ou turistas internos (UNCTAD, 1971).

Smith revisita essa concepção fazendo sua própria definição:

Turismo é a agregação de todos os negócios que oferecem, de forma direta, bens e serviços que visam a facilitar negócios, entretenimento e lazer em ambientes distantes do lugar onde se mora (SMITH, 1988: 183).

O posicionamento de Smith com essa definição é o de que o turismo é um setor que pode ser abordado e medido como qualquer outro. No entanto, separar o consumo turístico do não turístico é importante, já que são poucos os negócios que atendem apenas aos turistas. Smith (1996) argumenta que alguns negócios são quase exclusivamente voltados para o turismo, enquanto outros têm um demanda significativa advinda de residentes locais. Ele cita a terminologia canadense para tratar do assunto, classificando as empresas da seguinte forma:

1. *empresas de nível 1*: não vingariam caso não houvesse o setor de viagens. O grupo inclui hotéis, operadoras de passeios turísticos e companhias aéreas;

2. *empresas de nível 2:* ainda existiriam mesmo sem o ramo de viagens, só que em formato reduzido. Incluídas nesse grupo estão companhias de táxi, empresas de locação de veículos e restaurantes.

Tal abordagem é consistente com a forma como outras indústrias são definidas sob a ótica do fornecimento, além de permitir que se façam medições com certa facilidade. No entanto, isso depende da escala da análise – conforme mostrado anteriormente, pelo exemplo do hotel, a melhor forma de se fazer isso é conduzir a análise até a menor unidade operacional.

Leiper (1990), no entanto, discorda dessa abordagem. Ele vê o setor de turismo englobando uma série de indústrias, em vez de ser um único setor. Para ele, "setor de turismo" é um termo inapropriadamente usado para descrever atividades que envolvem turismo – atividades essas que seriam mais bem descritas como um conjunto de interações entre um agrupamento de mercados inter-relacionados e caracterizados por diferentes tipos de estruturas competitivas. Ele assinala que as definições de setor ou indústria geralmente trazem em si a ideia de competitividade. Em outras palavras, quando os negócios começam a competir entre si, começam a se tornar uma indústria. Algumas indústrias apresentam competitividade entre companhias, marcas e produtos, e travam essa disputa em âmbito nacional e internacional. Embora certamente haja competitividade no turismo, é atípico que isso ocorra internacionalmente.

EMPREGOS NO TURISMO

É importante colocarmos em pauta as dificuldades relacionadas à medição e ao alcance da capacidade de geração de empregos ao se falar do turismo contemporâneo. Em linhas gerais, a geração de empregos no turismo só pode ser medida após ter sido definido o que realmente faz parte desse setor; só depois disso é que será possível distribuir os empregos pelos diferentes setores na Conta Satélite em Turismo (CST). Isso é normalmente feito usando-se a noção de "empregos em tempo integral equivalentes" – empregos de meio expediente ou serviços não padronizados são convertidos para um emprego em tempo real que seja equivalente, baseado no número de horas trabalhadas. A CST permite que se façam estimativas da capacidade total de geração de empregos do turismo, assim como oferece estimativas por setor (hospedagem, por exemplo), elementos demográficos, tipo de emprego, sazonalidade e produtividade.

No entanto, conforme mostrado por Riley et al., (2002), o sistema de informações estatísticas acerca da capacidade de geração de empregos do turismo não está tão avançado quanto outros sistemas do setor. É necessário criar um sistema mais eficiente, para se compreender o funcionamento do mercado de trabalho, de imigração, de instrução e de treinamento. Alguns dos problemas específicos encontrados na estatística de geração de empregos são:

1. estatisticamente, o turismo não é visto como uma "indústria";

2. o turismo tem fortes laços com outros setores da economia, o que dificulta o discernimento de empregos puramente turísticos;

3. o turismo é incrivelmente diversificado;

4. ainda é difícil separar a contribuição dos empregos voltados exclusivamente para o turismo da contribuição dada pelos empregos que atendem aos residentes de uma região;

5. incluir a economia informal e os empregos familiares – não considerados dados válidos – como fatores é algo complicado.

Por fim, ainda que a metodologia de CST seja relativamente boa em estimar o número de empregos gerados pelo turismo, ela já não é tão eficiente quando o assunto é apontar o tipo ou a qualidade dos empregos. A questão dos recursos humanos e da qualidade de trabalho no turismo será abordada no próximo capítulo.

CAPÍTULO 11
O setor do turismo: questões contemporâneas

OBJETIVOS DO CAPÍTULO

Após a leitura deste capítulo, você deverá ser capaz de:

- compreender que os negócios do setor de turismo têm uma gama de objetivos;
- compreender as causas da globalização;
- valorizar os benefícios da gestão de conhecimento para os negócios turísticos;
- compreender o poder de explicação que a análise de redes pode oferecer para o entendimento da indústria de turismo;
- ter consciência de como a imersão nas redes de comunicação é importante para os negócios turísticos;
- apreciar a importância crucial que o setor de recursos humanos tem para os negócios turísticos;
- ter consciência dos obstáculos no caminho dos recursos humanos no turismo.

INTRODUÇÃO

Neste capítulo, nosso foco será o turismo contemporâneo. A ideia é identificar e esclarecer cinco questões-chave que permeiam o setor. Começamos apresentando os desafios que a globalização trouxe ao turismo contemporâneo. Essa seção identifica os principais motivadores da globalização – em particular, o custo reduzido de viagens e tecnologia. Os negócios voltados para o turismo estão reagindo à globalização, buscando sua internacionalização, e também firmando alianças e parcerias; já o setor público, em alguns casos, preocupa-se em proteger as pequenas empresas, ameaçadas pelas constantes mudanças no cenário competitivo, fruto da globalização.

O turismo tem demorado a incorporar as vantagens da economia do conhecimento e ainda não adotou integralmente as práticas de sua gestão nem incentivou a competitividade por meio da utilização do conhecimento para promover inovações e desenvolvimento de novos produtos.

Tanto a globalização quanto a economia do conhecimento exigem que os negócios turísticos estejam bem equipados em termos de rede de comunicações. Só assim as empresas aproveitarão ao máximo as tendências mundiais e a especialização flexível que caracterizam o setor. A análise de redes pode ser usada para examinar destinos e empresas de turismo, assim como para diagnosticar problemas e encontrar elos mais frágeis. A imersão nessas redes é tida como estratégia crucial para a sobrevivência do ramo de turismo contemporâneo.

O capítulo, então, se volta para as pequenas empresas, a energia vital dos destinos turísticos, traçando a distinção entre elas e os empreendedores. Um elemento peculiar do turismo, o empreendedor de estilo de vida é então examinado.

Por fim, o capítulo analisa a crise que os Recursos Humanos (RH) enfrentam no turismo, que se deve em parte a elementos demográficos, em parte à natureza dos empregos no turismo e às condições de trabalho a eles vinculadas.

NEGÓCIOS DE TURISMO

O setor do turismo contemporâneo compreende uma vasta gama de negócios, cada qual com seu próprio objetivo. Bull (1995) resume esses objetivos às seguintes categorias:

- *maximização de lucros*, que requer uma visão em longo prazo das receitas e das despesas, uma perspectiva que costuma não fazer parte do leque de estratégias do turismo;
- *maximização de vendas*, que costuma ser a opção padrão para negócios turísticos e de prestação de serviços, por conta de limitações de capacidade;
- *construção de um império, ou prestígio:* nesse caso, à medida que os negócios vão crescendo, pode haver uma divisão em termos de posse e controle; em tal situação, objetivos não monetários podem surgir;
- *maximização de produtividade*, mais relevante para negócios com foco em produtos, para os quais volume e rendimento são as coisas mais importantes;
- *soluções satisfatórias*, nas quais a meta é conseguir um nível aceitável de renda ou lucro;
- *vida tranquila (minimização de lucros)*, quando o negócio em questão é pequeno, geralmente familiar, e existe mais por conta de motivos pessoais e de hábitos de vida.

Juntos, esses negócios formam o setor do turismo contemporâneo, difícil de definir, conforme visto no capítulo anterior. Debbage e Ioannides (1998) declaram que é esse maquinário de produção turística que manipula e permite que a experiência turística ganhe vida. Nos últimos anos, ele se reestruturou, como resposta aos avanços tecnológicos, às mudanças na demanda dos consumidores, à crescente concentração do setor e às demandas de uma especialização flexível, que cria redes de comunicação de destinos turísticos e fornecedores com integração vertical, horizontal e diagonal.

Neste capítulo, em vez de examinarmos setor por setor, adotamos uma abordagem temática, determinando e analisando cinco questões-chave que caracterizam o turismo contemporâneo, a saber:

1. globalização;
2. a economia do conhecimento;
3. redes de comunicação;
4. pequenas empresas;
5. recursos humanos.

A INDÚSTRIA GLOBALIZANTE DE TURISMO CONTEMPORÂNEO

A globalização é uma consideração fundamental para todo e qualquer negócio turístico. Ela pode ser vista como sendo uma *desfronteirização* e várias respostas organizacionais a esse processo (Parker, 1998): respostas caracterizadas por rapidez, integração flexível e inovação (Wahab e Cooper, 2001). Em outras palavras, a globalização não apenas anula fronteiras e derruba barreiras para o comércio entre nações, como também permeabiliza essas fronteiras nas organizações, tanto interna quanto externamente.

Sendo assim, a globalização pede perspectiva e posicionamento diferentes em termos de gestão e operação de negócios turísticos. É lógico que, à medida que esses negócios são afetados pela globalização, eles também fortalecem e sustentam o processo por intermédio de suas ações.

A expansão da globalização aconteceu de forma intensa e acelerada ao longo dos anos 1990. Isso acarretou um desequilíbrio entre os países desenvolvidos – que já detinham capital, tecnologia e meios de se produzir conhecimento – e os países em desenvolvimento, aprofundando o abismo entre os detentores de riquezas e de conhecimento e os que ainda buscam meios para adquirir estabilidade econômica e política em suas sociedades. O crescimento do capitalismo global provocou distorções no âmago do próprio sistema, em um período posterior ao fim do socialismo, quando alguns pensaram que não haveriam novidades no horizonte histórico e social. A década viu irromper no cenário mundial uma série de crises que exigiu constantes adaptações aos novos tempos. Analisando a história recente, percebe-se como as crises são cada vez mais periódicas e inter-relacionadas (Trigo e Panosso, 2009: 30).

MOTIVADORES CONTEMPORÂNEOS DA GLOBALIZAÇÃO

Há vários elementos que motivam a globalização e que podem ter influência sobre o turismo, embora a maioria deles esteja fora da esfera de controle dos negócios individuais. Podemos identificar seis motivadores da globalização, todos inter-relacionados.

1. *Motivadores tecnológicos.* A globalização foi facilitada por duas tecnologias:

a. a tecnologia de transportes reduziu os custos monetários e temporais relativos às viagens, e funcionou como um "encolhedor de distâncias", vencendo obstáculos e restrições geográficas.

b. a tecnologia de comunicação, beneficiando-se da sinergia entre o poder de processamento dos computadores e as capacidades de transmissão das mídias digitais, incrementou em muito a velocidade e a capacidade das comunicações. Nesse caso, pode-se dizer que o turismo sofreu forte influência da revolução na comunicação global, que permitiu a comunicação internacional, o desenvolvimento de sistemas de distribuição global e o aumento da esfera de ação das pequenas empresas.

2. *Motivadores econômicos.* Dentre eles, estão os padrões oscilantes de produção e consumo no mundo, que desafiam as noções econômicas tradicionais referentes ao comércio e aos mercados globais.

3. *Motivadores políticos.* Eventos políticos deram gás à globalização, criando uma nova ordem mundial. Vendo que o padrão tradicional de núcleo-periferia não era mais capaz de explicar a localização e o sucesso dos negócios e dos países, Dicken (1992) argumenta a favor de uma economia multipolar, dominada por três regiões econômicas: a América do Norte, a União Europeia e as economias do sudeste da Ásia. As tensões comerciais entre esses "megamercados" que se pôde perceber no mercado mundial induziram a Organização Mundial do Comércio a tomar uma atitude e confeccionar o Acordo Geral sobre Comércio de Serviços – General Agreement on Trade in Services (GATS). O GATS provocou uma série de impactos na indústria de turismo, entre eles:

a. promoveu a liberdade de mobilidade de trabalho no mundo todo;

b. habilitou o desenvolvimento internacional de – e também o acesso a – sistemas computadorizados de reservas;

c. removeu as barreiras que impediam investimentos no estrangeiro.

4. *Motivadores culturais.* A ascensão da cultura global também teve impacto significativo no turismo. Vários destinos de viagem são criticados por oferecer um cenário uniforme, composto por lanchonetes *fast-food*, hotéis internacionais e lojas pertencentes às mesmas redes de sempre. Essa "Cocacolização" ou "McDonaldização" dos destinos turísticos é uma consequência da globalização, que promove a convergência das práticas de negócios e da comunicação de ideias e marcas por meio da mídia.

5. *Motivadores ambientais.* O meio ambiente é um recurso turístico mundial, e práticas não sustentáveis adotadas em um destino turístico afetam inúmeros outros lugares. Embora a globalização tenha sua parcela de consequências positivas para o meio ambiente, há também um bom número de problemas:

a. a eficiência reduzida de governos que agem unilateralmente enfraquece aqueles que regulam e previnem a poluição;

b. em uma economia cada vez mais baseada no mercado, tais externalidades não serão enfrentadas;

c. problemas ambientais não respeitam as fronteiras políticas tradicionais, e comprometem as fronteiras econômicas e ambientais;

d. o rápido crescimento do turismo no sudeste da Ásia significa que os governos estão procurando um jeito de lidar com os impactos culturais e ambientais.

6. *Motivadores de negócios*. A criação de uma sociedade global indica que os negócios turísticos têm a capacidade de operar em âmbito global, e vários já optaram pela estratégia competitiva da internacionalização. Os negócios globais veem o mundo como sua esfera de operação, e estabelecem tanto as estratégias quanto a presença de mercados globais.

Mudar práticas de negócio em resposta aos motivadores da globalização ajuda a sustentar, expandir e facilitar o processo como um todo, além de provocar uma reformulação das fronteiras que antes as restringiam. No caso do turismo, os processos capazes de reformular fronteiras incluem:

a. criação de marcas, produtos e personalidades mundiais;

b. instrução e treinamento turístico internacional visando a transmissão de conceitos e abordagens globais;

c. redução dos custos de transporte por meio de inovações como o modelo de negócios do transportador de baixo custo;

d. mecanismos de comunicação internacional, como os sistemas de distribuição global.

GESTÃO DE CONHECIMENTO NO TURISMO CONTEMPORÂNEO

A geração e o uso de novos conhecimentos na área de turismo visando à inovação e ao desenvolvimento de produtos é crucial para se manter a competitividade entre os negócios turísticos. De fato, pesquisadores, consultores, a indústria e o governo produzem constantemente novos conhecimentos na área. Entretanto, o turismo demonstra certa preguiça de utilizar tais conhecimentos – em especial, a *transferência* efetiva de conhecimento para os negócios turísticos tem se desenvolvido muito lentamente. Como resultado disso, diferentemente de vários setores da economia, o turismo nunca teve uma abordagem voltada à gestão do conhecimento, e os negócios, consequentemente, acabam sendo menos competitivos no âmbito global.

A gestão do conhecimento é uma abordagem relativamente nova que foca as questões fundamentais da adaptação organizacional, da sobrevivência e da competitividade frente a mudanças climáticas inconstantes. No caso do turismo, as mudanças ambientais tornam-se nítidas, não só por conta da turbulência no ambiente de fornecimento, mas também por conta das oscilações na conduta dos turistas. Esse momento de mudança ressalta o fato de que as inovações baseadas no conhecimento são competência essencial que precisa ser buscada pelos negócios turísticos, caso eles almejem ser competitivos nesse mundo em constante mudança.

A ECONOMIA BASEADA NO CONHECIMENTO

No final da década de 1990, a *economia baseada no conhecimento* surgiu das cinzas da *era da informação*.

Reconheceu-se que o conhecimento não era apenas mais do que a informação, era um recurso a ser valorizado e administrado. A economia do conhecimento pode ser pensada em termos de uma economia diretamente embasada na produção, distribuição e utilização do conhecimento. Sendo o próximo estágio da economia pós-industrial, a economia do conhecimento promove a substituição dos produtos e serviços pelos bens intelectuais como sendo os alicerces do crescimento e do poder e tem várias características que demandam uma reavaliação de nossa abordagem com relação aos negócios de turismo. Por exemplo:

1. mudanças estruturais e econômicas são motivadas pela criação de novos produtos e inovações gerados pela tecnologia. A tecnologia – em particular a internet – derruba as barreiras que delimitam o compartilhamento de informações. A economia baseada em conhecimento é caracterizada pelo desenvolvimento de sistemas interativos de gestão de conhecimento que só se tornaram realmente viáveis com o advento da internet em seu papel de grande facilitador;

2. o emprego e desenvolvimento de mão de obra especializada é visto como vantagem competitiva e crescimento econômico a longo prazo. Essa questão é importante para o turismo, visto que muitas das práticas do setor de RH vão contra a geração de empregos e a retenção de empregados altamente especializados;

3. a economia de conhecimento não é caracterizada pela escassez de um recurso, e sim pela abundância de informação e de conhecimento;

4. a criação de um novo paradigma de *comércio de conhecimento* (*knowledge commerce ou k-commerce*) local, em que as medidas competitivas tradicionais como a localidade não têm mais tanta importância.

NEGÓCIOS DE TURISMO INTERLIGADOS

Não há dúvida de que redefinir o setor de turismo usando uma abordagem de redes de comunicação é bastante vantajoso. Organizações interligadas foram feitas sob medida para prosperar na era pós-fordista do "novo" turismo, conforme descrito por Poon – uma época caracterizada pela especialização flexível, a comunicação veloz e a globalização. Achrol e Kotler (1999) concordam com isso, e afirmam que o negócio do futuro será uma organização interligada, caracterizada como:

> uma coalizão interdependente de entidades econômicas especializadas em tarefas ou habilidades específicas (firmas independentes ou negócios organizacionais autônomos) que opera sem controle hierárquico, mas está imersa – por densas conexões horizontais, mutualidade e reciprocidade – em um sistema de valores compartilhados, que define uma "política de filiação", papéis e responsabilidades (2009: 148).

Eles distinguem quatro categorias de organização interligadas para o futuro, com base na teoria e também na prática:

1. *interligações internas*, projetadas para reduzir a hierarquia e abrir os negócios para seus ambientes – em outras palavras, para aumentar a reação dos consumidores, assim como a reação e a conscientização do ambiente externo;

2. *interligações verticais*, que maximizam a produtividade de funções sucessivamente dependentes, ao criar parcerias entre negócios independentes e focados em determinado tipo de habilidade – algo essencial para o fornecimento do produto turístico e inerente à especialização flexível;

3. *interligações entre mercados*, que buscam promover sinergia horizontal entre indústrias – a ascensão das companhias de tecnologia nos canais de distribuição de turismo é um bom exemplo disso;

4. *interligações de oportunidade*, organizadas em torno das demandas do consumidor e do mercado, e projetadas para encontrar as melhores soluções para os dois tipos de demanda – agrupamentos de negócios atendendo à demanda por produtos turísticos particulares, como o turismo de aventura, são um exemplo.

Finalmente, a análise de redes faz a ponte com a gestão de conhecimento, facilitando o fluxo desse conhecimento entre sistemas de negócios e de destinos turísticos. Além disso, ela se encaixa perfeitamente para atender às demandas da globalização, que é motivada por interligações tecnológicas e alianças interligadas de empresas. Claro que as pequenas e médias empresas também podem se beneficiar dessa abordagem, que permite a elas se mesclar de forma segura a redes de empresas e de destinos turísticos para desfrutar da competitividade mais acirrada. Vamos abordar as pequenas e médias empresas, assim como o empreendedorismo, na próxima seção deste capítulo.

PEQUENAS EMPRESAS E EMPREENDEDORISMO NO TURISMO CONTEMPORÂNEO

Pequenas empresas turísticas

O turismo contemporâneo é dominado por pequenas empresas – microempresas, em particular. Na França, por exemplo, estima-se que mais de 90% de todas as empresas turísticas empregam menos de dez pessoas cada. Apesar disso, ainda não há um consenso sobre o que caracteriza uma pequena empresa. Thomas (1998) as define como sendo empresas com uma participação de mercado reduzida, de gestão personalizada, independentes de controle externo e incapazes de influenciar preços de mercado. Goffee e Scase (1983) classificam as pequenas empresas baseando-se em sua fonte de capital e em sua estrutura organizacional. A classificação vai de companhias autônomas marginais até a companhia pertencente a um diretor (**Tabela 11.1**). No Brasil, o Sebrae tem programas específicos para pequenos e médios empresários (www.sebrae.com.br), inclusive nos setores de hospitalidade, turismo e alimentação.

Tabela 11.1 — Estruturas organizacionais e características do empreendedorismo

Categoria	Características do empreendedorismo
Autônomo	Uso de mão de obra familiar, pouca estabilidade de mercado, baixos níveis de investimento de capital, habilidades administrativas pouco desenvolvidas
Pequeno empregador	Mão de obra familiar e não familiar, não tão marginalizado economicamente, mas que compartilha de outras características do grupo "autônomo"
Proprietário controlador	Mão de obra não familiar, níveis mais altos de investimento de capital, costuma ter nível formal de controle de gestão, mas sem separação entre propriedade e controle
Proprietário diretor	Segmentação da posse e das funções de gerência, níveis mais altos de investimento de capital

Fonte: Goffee e Scase (1983); Shaw e Williams (1990).

As pequenas empresas turísticas tornaram-se o foco principal de governos e agências de desenvolvimento. Por um lado, elas têm recebido apoio de políticas que visam protegê-las das forças da globalização e da dominação por parte de grandes conglomerados multinacionais, que vêm adentrando no setor com força cada vez maior. Por outro lado, são vistas como uma força que veio para ficar, no caso do desenvolvimento econômico de áreas mais remotas, ou das regiões que estão se convertendo em economias de mercado (como os países do antigo bloco comunista do leste europeu). Sendo mais específico, as pequenas empresas trazem uma série de vantagens para um destino turístico:

- devolvem rapidamente lucros à economia, por meio de ligações retroativas com a economia de um destino turístico;
- contribuem oferecendo novos empregos;
- oferecem caráter e boas-vindas com aparência mais local, agindo como ponto de contato direto entre a comunidade anfitriã e o visitante;
- em um mercado que cada vez mais exige experiências feitas sob medida, as pequenas empresas têm uma função importante quanto a atender às demandas dos turistas e facilitar a "especialização flexível" (Ateljevic e Doorne, 2001).

No entanto, as pequenas empresas também contribuem para a questão da "subgestão" do turismo, uma vez que costumam ser dirigidas e criadas por gente inexperiente em estratégias e técnicas de negócios. Não é incomum encontrar microempresas que são negócios familiares. Sendo a maioria das empresas organizações familiares, o que costuma acontecer é um alto grau de apego emocional ao negócio, o que faz com que o típico raciocínio do mundo empresarial não seja tão característico a alguns pequenos empreendedores. Isso significa que as pequenas empresas podem não pensar estrategicamente seu desenvolvimento e não submeter seu pessoal a programas de treinamento (Buhalis e Cooper, 1998). Além do mais, vários dos empreendedores do ramo jamais tiveram qualquer espécie de treinamento ou experiência no que fazem. Stallibrass (1980) realizou um estudo na cidade de Scarborough, no Reino Unido, e descobriu que apenas um terço dos donos de hotéis de pequeno porte tinha alguma experiência prévia em turismo. No Brasil, pequenos negócios como bares, restaurantes e hotéis familiares muitas vezes atuam de maneira empírica e amadora, não respeitando as normas técnicas e procedimentos adequados em termos de higiene, planejamento, operação e consequentemente comprometendo seus próprios lucros.

Empreendedores

Será que todas as pequenas empresas são dirigidas por empreendedores? Estabelecer uma distinção é importante: uma pequena empresa é uma unidade organizadora de produção; o indivíduo é que é (ou não) o empreendedor. No caso do turismo, parece que várias pequenas empresas são dirigidas como se fossem empreendimentos, mas muitas não o são – e há razões específicas da área de turismo para justificar isso.

A noção de uma sociedade empreendedora é romântica: um grupo de empresas e indivíduos espertos, flexíveis, ansiosos por captar uma oportunidade no mercado e agregar alguma espécie de valor a ele. Os empreendimentos são dotados de adaptabilidade, flexibilidade e tendem a integrar sua operação em torno do consumo. Eles valorizam a criatividade e a inovação, e assumem vários riscos. Sua flexibilidade se mostra crucial, pois em cada fase do ciclo de vida do negócio – do lançamento à maturidade –, ele encontra oportunidades, enfrenta dificuldades específicas e requer algum tipo de ressuprimento. É verdade que pequenas empresas de hospitalidade e turismo tendem a ocupar a dianteira dos ciclos econômicos e suas fortunas podem ser usadas como termômetro para mudanças no clima econômico.

O empreendedorismo tem uma função de grande importância no desenvolvimento econômico, mas, no caso do turismo, há um tipo de empreendedor que parece quebrar toda a espécie de regra – aquele voltado aos hábitos de vida. Esse tipo de empreendedor é bem comum no turismo, dada a ligação do setor com localidades exóticas e especiais. Tais empreendedores provocam confusão na distinção entre consumo e produção, visto que estão vivendo e aproveitando os valores de comodidade e os produtos do destino em questão. Shaw e Williams (1990) identificam três características dos empreendedores do setor de turismo em seu estudo sobre Cornwall:

1. *nível de experiência e conhecimento da área*: muitos dos empreendedores têm pouca experiência em turismo, tendo entrado no setor por meio de algum emprego em outro lugar, e não têm acesso fácil a capital ou conhecimento na área. Ou seja, o turismo – o setor de hospedagem, em especial – não tem barreiras elevadas de entrada. Isso explica a pobreza de recursos e de conhecimentos específicos, e também a facilidade de entrada nos negócios da área como um empreendedor voltado ao estilo de vida.

2. *motivação de negócios*: motivos não econômicos configuram razões importantes para se tornar um empreendedor no turismo, em particular em termos de estilo de vida e de ambiente. Algumas pessoas pensam que ter um bar, uma pousada ou um serviço receptivo é algo meramente lúdico, que não exige conhecimento específico nem um fluxo de trabalho altamente profissionalizado;

3. *fonte de capital*: fontes informais são comuns nas pequenas empresas de turismo que costumam sobreviver do dinheiro das famílias envolvidas. Tal comportamento é sintomático de um grupo que não faz ideia da importância dos planos e metas de um negócio.

Morrison et al., (1999) têm certeza de que não há uma fórmula para se ter um empreendimento de sucesso. Na verdade, ela é o encaixe perfeito de uma determinada encarnação da abordagem empreendedora que leva em consideração os componentes dinâmicos presentes em um destino ou mercado particular. De fato, por conta de sua proximidade com o destino turístico e seus produtos, a conduta empreendedora no turismo é bastante influenciada pelo local.

Independente disso há um número cada vez maior de guias, cardápios e literatura variada disponível para empreendedores em fase de prospecção à medida que o conhecimento cresce. Tais guias são publicados por agências de desenvolvimento econômico e de turismo, com o objetivo de auxiliar empreendedores em potencial para se dirigir a determinada região e ali investir seu dinheiro.

O desenvolvimento de redes fortes e compartilhamento satisfatório de informações são chaves para a sobrevivência tanto dos empreendedores quanto das pequenas empresas no turismo. Morrison et al., (1999) dizem que as pequenas empresas operam em um ambiente de redes formais e informais:

- familiar: apoio e trabalho;
- institutos financeiros: fontes de capital;
- setor público, em termos de legislação e políticas ativas, para criar um ambiente que propicie o sucesso;
- uma rede de destinos turísticos.

Assim como em outros negócios da área, é a alavancagem bem-sucedida dessas redes que determinará o sucesso de uma pequena empresa no turismo.

RH NO TURISMO CONTEMPORÂNEO

Na última seção deste capítulo, analisaremos um dos recursos mais importantes do turismo, os Recursos Humanos (RH). O turismo é um setor de trabalho intensivo que recebe uma ampla variedade de atividades em inúmeros aspectos. Lógico que isso se deve à importância do serviço de pessoal no turismo e, embora alguns deles levantem dúvidas quanto à sua qualidade, não resta dúvida quanto à capacidade do turismo em gerar oportunidades de emprego para os jovens, as mulheres e os grupos menos assistidos da sociedade. O Conselho Mundial de Viagens e Turismo estima que o setor ofereça cerca de 230 milhões de empregos no mundo todo, que representam 3% da capacidade mundial de geração de empregos diretos – total que sobe para 9% se forem levados em conta os empregos indiretos (WTTC, 2006). Como era de se esperar, esses números são maiores em países que já têm um setor de turismo maior e mais consolidado, como a Espanha, as Ilhas Maurício, a Tailândia ou os destinos turísticos brasileiros (Fortaleza, Salvador, Rio de Janeiro, Florianópolis).

O RH é um pré-requisito básico para se conseguir fornecer o produto turístico contemporâneo. Ainda assim, ele permanece como a Cinderela da indústria: todo mundo sabe da importância do setor, mas ninguém o leva a sério. Como resultado, já na primeira década do século XXI, o turismo passa por uma crise de RH. Esta última seção analisa as razões que permeiam esta crise, além de oferecer algumas possíveis soluções. As razões que levaram a essa crise são complexas e inter-relacionadas. Elas têm raízes no tipo de trabalho que o turismo desenvolve, nas condições de trabalho encontradas no setor, no domínio das pequenas empresas e na oscilação demográfica e de postura social que se observa no século XXI.

EMPREGOS NO TURISMO E CONDIÇÕES DE TRABALHO

Os empregos no turismo apresentam um leque de atributos interessantes e contraditórios que, quando combinados com aspectos das condições de trabalho a eles associadas, contribuem para explicar a crise (ver exemplo em Riley et al., 2002). Os empregos no turismo podem ser assim caracterizados:

- a maior parte dos empregos de prestação de serviços tende a ser temporária e ocupada por pessoas sem aspirações de seguir carreira na área, desprovidas de comprometimento com o setor;
- são cargos dominados por gente mais nova. A idade média dos trabalhadores do setor de hospitalidade na Holanda, por exemplo, é de 23 anos; no caso do Brasil, alguns setores (como *call centers* e guias de turismo) têm idade média similar;
- as mulheres são maioria nas posições oferecidas pelo turismo;
- são vistos como empregos fascinantes e atrativos, o que significa trabalhar em locais exóticos e com oportunidade de entrar em contato com consumidores. A atração também advém das chances de haver alguma espécie de envolvimento criativo com o trabalho, em áreas como turismo natural, ou mesmo *marketing*;
- oferecem grande flexibilidade em termos de horário e agenda. É o tipo de emprego perfeito para grupos específicos, como mães que trabalham;
- são acessíveis, com poucas exigências para a entrada no mercado em várias das posições – de fato, o turismo é um setor bastante "subqualificado";

- são bem diversificados, abrangem desde trabalhos no setor de hospitalidade (compreende a maior parte dos empregos no turismo, mas também oferece os salários mais baixos e poucas chances de empregos fixos) até os poucos empregos em companhias aéreas (que são os de melhor remuneração, inclusive aqueles terceirizados);
- são caracterizados por uma estrutura ocupacional rígida, com tradições de trabalho bastante fortes.

Tais características se reforçam por conta própria – os mais jovens conseguem empregos temporários no setor para deixar a vida de estudante, visto que não há barreiras e os empregos são flexíveis. A situação é agravada pela falta de sindicatos trabalhistas voltados para o turismo na maioria dos países, mas não em todos. Como resultado, as condições de trabalho no turismo são problemáticas e podem ser resumidas da seguinte forma:

1. salários baixos: em vários países, os trabalhos do setor pagam até 20% menos que o salário médio;
2. horários exigentes e não sociáveis: geralmente se trabalha em feriados, fins de semana e na hora das refeições. Isso pode ter impactos negativos ao se tentar equilibrar a vida familiar e profissional;
3. pressão emocional: não apenas em termos de prestação de serviços de qualidade e estar sempre sorrindo, mas na postura em locais de trabalho, como cozinhas. Embora isso seja comum a outros empregos do setor de prestação de serviços, é possível que a pressão nos ambientes do setor de turismo seja de nível particularmente crítico, o que exigirá elaboração, por parte dos funcionários, de estratégias para lidar com as situações;
4. questões de saúde e segurança: por exemplo, cozinhas são lugares propensos a acidentes, e os funcionários enfrentam problemas com segurança ao voltar para casa após trabalhar até tarde da noite.

ADMINISTRANDO O RH NO TURISMO CONTEMPORÂNEO

Conforme mencionado anteriormente, é preciso reconhecer que a maioria dos empregos do turismo é gerada por pequenas empresas. As estimativas sugerem que, no mundo todo, as pequenas empresas (que contam com um efetivo de menos de 10 funcionários) empregam ao menos metade da mão de obra contratada pelo turismo. Isso cria problemas de gestão e de utilização de mão de obra no setor, visto que a maior parte dos empreendedores não teve nenhuma espécie de contato com RH antes. Somado a esses problemas, temos a dificuldade de criar planos de carreira numa pequena empresa. O setor de turismo é conservador por natureza e resistente às mudanças. Muitas companhias retêm modelos de RH de décadas passadas e não adotaram a economia do conhecimento em um departamento em que é o capital humano da companhia – seus conhecimentos e habilidades – o responsável por gerar competitividade.

No entanto, é preciso reconhecer que o planejamento do RH em turismo é complexo. O segredo é fazer a programação dos funcionários coincidir com o movimento de turistas. Essa taxa de movimento é imprevisível e altamente sazonal – diária, semanal e mensal. Como resultado, as companhias consideram difícil planejar e administrar seu departamento de RH, então recorrem a táticas paliativas, como oferta de empregos não padronizados (temporários, sazonais ou de meio expediente – quem sabe até mantendo um grupo de sobreaviso, caso a demanda exija mais mão de obra).

Ao se juntar todos esses fatores, percebe-se que a indústria tem sofrido com a falta de empregados e com a alta rotatividade de pessoal em muitas das funções. A rotatividade é algo que custa caro para a indústria; mesmo assim, há hotéis em que ela chega a afetar 100% dos funcionários.

GESTÃO DE RH NO TURISMO CONTEMPORÂNEO

Embora as questões levantadas sejam graves, há uma série de medidas que podem ser tomadas. Possíveis soluções para a crise de RH no turismo incluem as seguintes:

1. ampliação do entendimento da operação do mercado turístico de trabalho: por exemplo, como aqueles que estão concluindo os estudos veem o setor de turismo em comparação com outras oportunidades (Riley et al., 2002), e quais as opiniões da geração Y com relação a esse mercado? Isso requer intervenções do governo e do *trade* para promover empregos e melhorar a imagem que se tem dos trabalhos no setor;

2. reconhecimento da noção de que o turismo entrou na era da economia do conhecimento e que é preciso investir e desenvolver sua mão de obra, em vez de simplesmente explorá-la. Isso envolve uma mudança de atitude e de operação por parte do setor, especialmente no que diz respeito aos investimentos em treinamento e instrução. No entanto, o setor pode ser também mais inovador na sua gestão de RH. Por exemplo:

- em destinos turísticos sazonais, companhias inteligentes usam a baixa temporada para promover treinamento para suas equipes, em vez de dispensá-las;
- as companhias podem investir na polivalência de seus funcionários; só é preciso identificar quais as habilidades principais inerentes às diversas funções de trabalho;
- o setor tem de investir na formação de novos líderes.

3. no âmbito dos destinos turísticos, as organizações de *Marketing* de Destinos Turísticos (DMOs) podem incentivar as pequenas empresas a trabalharem juntas na criação de planos de carreira entre companhias e começar a pensar além da noção de *administrar pessoas dentro de organizações* para abraçar o conceito de *administrar pessoas dentro de destinos turísticos*;

4. os processos de instrução e de treinamento, no caso do turismo, entraram em uma espécie de atoleiro no final do século XX. Para que as empresas e os destinos turísticos sejam competitivos, é preciso acolher o novo ambiente do turismo contemporâneo e instruir as equipes de trabalho para lidarem com as mudanças e serem competentes a fim de atender às demandas desses "pós-turistas". Isso inclui campos especializados, como trabalhos de guia e em turismo de interesses especiais. Também é preciso dar bases sólidas sobre noções de negócios, habilidades sociais e tecnologia;

5. há a necessidade de que os governos e as agências internacionais incentivem a formação de oportunidades de emprego de qualidade no turismo. É preciso abandonar a tendência de se tratar o turismo como um meio de gerar empregos sem compromisso com um mínimo de qualidade para seus funcionários. O "inventário de trabalhos decentes" da Organização Internacional do Trabalho é uma iniciativa de grande importância, cuja missão é melhorar a qualidade dos empregos e do ambiente de trabalho. Deve-se também exigir dos governos que facilitem a mobilidade dos trabalhadores em âmbito internacional, para que se possa solucionar o problema da falta de mão de obra em certos países. Para isso, será necessário harmonizar as qualificações e instruir os locais quanto a aceitar os trabalhadores estrangeiros, uma questão que vai assumir o foco das discussões.

Referências

Achrol, R.S. *Evolution of the marketing organization: new forms for turbulent environments.* 1991.

Achrol, R.S.; Kotler, P. Marketing in the network economy. *Journal of Marketing* 63 (special issue), 1999. pp. 146–163.

Anderson, J.E. *Public Policymaking:* An Introduction. Dallas: Houghton Mifflin, 1994.

Ateljevic, I.; Doorne, S. Staying within the fence: lifestyle entrepreneurship in tourism. *Journal of Sustainable Tourism* 8(5), 2001, pp. 378–392.

Beni, Mário Carlos. *Análise estrutural do turismo.* 4. ed. São Paulo: Senac, 2001.

Bitner, M.J. *Servicescapes:* the impact of physical surroundings on customers and employees. 1992.

Bourgeois, J.C.; Haines, G.H.; Sommers, M.S. Product market structure: problem, definition and issues. In M. Houston (ed.), *Review of Marketing*, pp. 327–384. Chicago: American Marketing Association, 1987.

Brake, M.; Newton, M. Promoting sustainable tourism in an urban context: recent developments in Malaga city, Andalusia. *Journal of Sustainable Tourism* 3(3), 1995, pp. 115–134.

Bramwell, B. Mass tourism, diversification and sustainability in southern Europe's coastal regions. In B. Bramwell (ed.), *Coastal Mass Tourism*: Diversification and Sustainable Development in Southern Europe, pp. 1–32. Clevedon: Channel View Publications, 2004.

Bramwell, B.; Lane, B. (eds). *A collection of cases and studies of tourism planning issues within the context of collaboration and planning practice.* Tourism Collaboration and Partnerships: Politics, Practice and Sustainability. Clevedon: Channel View Publications, 2000.

Buhalis, D. *E-Tourism*: Information Technology for Strategic Tourism Management. London: Prentice Hall, 2003.

Buhalis, D.; Cooper, C. Competition and cooperation? Small and medium sized tourism businesses at the destination. In E. Laws, B. Faulkner; G. Moscardo (eds), *Embracing and Managing Change in Tourism*, pp. 324–346. London: Routledge, 1998.

Bull, A. *The Economics of Travel and Tourism*. Longman Australia, Melbourne, 1995.

Burns, P. *An Introduction to Tourism and Anthropology*. London: Routledge, 1999.

Buswell, R. Tourism in the Balearic Islands. In M. Barke, J. Towner; M. Newton (eds), *Tourism in Spain: Critical Issues*. Wallingford: CABI Publishing, 1996.

Butcher, J. *The Moralisation of Tourism*. London: Routledge, 2003.

Butler, R.W. *Tourism, environment, and sustainable development*. Environmental Conservation 18(3), 1991, pp. 201–209.

Butler, R.W. *Tourism and the environment: a geographical perspective*. Tourism Geographies 2(3), 2000, pp. 337–358.

Cai, L. Cooperative branding for rural destinations. *Annals of Tourism Research* 29(3), 2002, pp. 720–742.

Campbell, A.J.; Verbeke, A. *The globalisation of service sector multinationals*. Long Range Planning 27(2), 1994, pp. 95–102.

Campbell, G. *Planet Middle Earth*. Listener 15 December, 2001, pp. 16–24.

Campbell, S.; Fainstein, S. *Readings in Planning Theory* (Studies in Urban and Social Change). Wiley-Blackwell, 2003.

Catlin, G. An artist proposes a national park. In R. Nash (ed.), *The American Environment: Readings in the History of Conservation*, pp. 5–9. Reading, MA: Addison-Wesley Publishing, 1968.

Chias, Josep. *Turismo, o negócio da felicidade*. São Paulo: Ed. Senac, 2007.

Clarke, J. A framework of approaches to sustainable tourism. *Journal of Sustainable Tourism* 5(3), 1997, pp. 224–233.

Cohen, E. Towards a sociology of international tourism. *Social Research* 39, 1972, pp. 164–182.

Coles, T.; Hall, C.M.; Duval, D. *Tourism and post-disciplinary inquiry*. Current Issues in Tourism 9(4–5), 2006, pp. 293–319.

Coles, T.; Duval, D.; Hall, C.M. Tourism, mobility and global communities: new approaches to theorizing tourism and tourist spaces. In W. Theobold (ed.), *Global Tourism*, 3rd edn., pp. 463–481. Oxford: Heinemann, 2004.

Coles, T.; Hall, C.M.; Duval, D. Mobilising tourism: a post-disciplinary critique. *Tourism Recreation Research* 30(2), 2005, pp. 31–41.

Coles, T.; Timothy, D. (eds) *Tourism and Diaspora*. London: Routledge, 2004.

Conway, D. Tourism, environmental conservation and management and local agriculture in the Eastern Caribbean – Is there an appropriate, sustainable future for them? In D.T. Duval (ed.), *Tourism in the Caribbean*, pp. 187–204. London: Routledge, 2004.

Cooper, C. Strategic planning for sustainable tourism: the case of offshore islands in the UK. *The Journal of Sustainable Tourism* 3(4), 1995, pp. 191–209.

Cooper, C.; Fletcher, J.; Fyall, A.; Gilbert, D.; Wanhill, S. *Tourism Principles and Practice*. Harlow: Pearson, 2005.

Dann, G. The holiday was simply fantastic. *Tourist Review* 31(3), 1976, pp. 19–23.

Dann, G. Anomie, ego-enhancement and tourism. *Annals of Tourism Research* 4, 1977, pp. 184–194.

Davidson, R.; Maitland, R. *Tourism Destinations*. London: Hodder and Stroughton, 1997.

Davidson, T.L. What are travel and tourism: Are they really an industry? In W. Theobald (ed.), *Global Tourism*. The Next Decade, pp. 20–26. Oxford: Butterworth Heinemann, 1994.

Day, G.S.; Montgomery, D.B. Charting new directions for marketing. *Journal of Marketing* 63 (Special Issue), 1999, pp. 3–13.

Day, G.S.; Shocker, A.D.; Srivastava, R.K. Customer-oriented approaches to identifying product markets. *Journal of Marketing* 43, 1979, pp. 8–19.

Debbage, K.G.; Daniels, P. The tourist industry and economic geography. Missed opportunities? In D. Ioannides; K.G. Debbage (eds), *The Economic Geography of the Tourist Industry*. A Supply Side Analysis, pp. 17–30. London: Routledge, 1998.

Debbage, K.G.; Ioannides, D. Conclusion. The commodification of tourism. In D. Ioannides; K.G. Debbage (eds), *The Economic Geography of the Tourist Industry*. A Supply Side Analysis, pp. 287–292. London: Routledge, 1998.

Decrop, A. *Vacation Decision Making*. Wallingford: CABI Publishing, 2006.

Derrett, R. Special interest tourism: starting with the individual. In N. Douglas; R. Derrett (eds), *Special Interest Tourism,* pp. 1–24. Brisbane: Wiley, 2001.

Dicken, P. *Global Shift*, 2. ed. London: Paul Chapman, 1992.

Dredge, D.; Jenkins, J. *Tourism Planning and Policy*. Brisbane: Wiley, 2007.

Duval, D.T. Trends and circumstances in Caribbean tourism. In D.T. Duval (ed.), *Tourism in the Caribbean*, pp. 3–22. London: Routledge, 2004.

Eadington, W.R.; Smith, V.S. Introduction: the emergence of alternative forms of tourism. In V.L. Smith; W.R. Eadington (eds), *Tourism Alternatives:* Potentials and Problems in the Development of Tourism, pp. 1–12. Philadelphia, PA: University of Pennsylvania Press, 1992.

Edmunds, J.; Turner, B.S. Global generations: social change in the twentieth century. *British Journal of Sociology* 56(4), 2005, pp. 559–577.

ESOMAR. ICC/ESOMAR *International Code of Marketing and Social Research Practice*. Amsterdam: ESOMAR, 1995.

Feifer, M. *Going Places*. London: Macmillan, 1985.

Fennell, D. *Tourism Ethics*. Clevedon: Channelview, 2006.

Furlough, E. *Making mass vacations:* tourism and consumer culture in France, 1930s to 1970s. Comparative Studies in Society and History 40, 1998, pp. 247–286.

Gartner, W.C. Image formation process. In D.R. Fessenmaier; M. Uysal (eds), *Communication and Channel Systems in Tourism Marketing*, pp. 191–215. New York: Horwath Press, 1993.

Gartner, W.C. Image. In J. Jafari (ed.), *Encyclopedia of Tourism*, pp. 295–296. London: Routledge, 2000.

Getz, D. Models in tourism planning towards integration of theory and practice. *Tourism Management* 7(1), 1986, pp. 21–32.

Gilbert, D.C. Conceptual issues in the meaning of tourism. In C.P. Cooper (ed.), Progress in Tourism, *Recreation and Hospitality Management,* vol. 2, pp. 4–27. London: Belhaven, 1990.

Goffee, R.; Scase, R. Class entrepreneurship and the service sector: towards a conceptual clarification. *Service Industries Journal* 3, 1983, pp. 146–160.

Gold, J.R. and Ward, S.V. *Place Promotion*. The Use of Publicity and Marketing to Sell Towns and Regions. Chichester: John Wiley, 1994.

Goodwin, H. *Ethical and responsible tourism:* consumer trends in the UK. Journal of Vacation Marketing 9(3), 2003, pp. 271–283.

Gössling, S. Global environmental consequences of tourism. *Global Environmental Change* 12, 2002, pp. 283–302.

Gössling, S.; Hall, C.M. (eds) *Tourism and Global Environmental Change*. London: Routledge, 2006.

Gössling, S.; Hultman, J. (eds) *Ecotourism in Scandinavia*. Wallingford: CAB International, 2006.

Gray, H.P. *International Travel*–International Trade. Lexington, MA: Heath Lexington, 1970.

Gunn, C.A. *Tourism Planning*. New York: Crane Russak, 1979.

Gunn, C.A. *Tourism Planning*, 3rd edn. London: Taylor and Francis, 1994.

Hall, C.M. *Introduction to Tourism*. South Melbourne: Longman, 1998.

Hall, C.M. *Tourism Planning*. Harlow: Prentice-Hall, 2000.

Hall, C.M. *Tourism and Temporary Mobility:* Circulation, Diaspora, Migration, Nomadism, Sojourning, Travel, Transport and Home. Paper presented at the International Academy for the Study of Tourism (IAST) Conference, 30 June–5 July, Savonlinna, Finland, 2003.

Hall, C.M. *Tourism*: Rethinking the Social Science of Mobility. Harlow: Prentice-Hall, 2005a.

Hall, C.M. Time, space, tourism and social physics. *Tourism Recreation Research* 30(1), 2005b, pp. 93–98.

Hall, C.M. Introduction to Tourism in Australia: *Development, Issues and Change,* 5th edn. South Melbourne: Pearson Education Australia, 2007.

Hall, C.M. *Tourism Planning*, 2nd ed. Harlow: Prentice-Hall, 2008.

Hall, C.M. *Tourism Planning*, 2nd edn. Harlow: Prentice-Hall/Pearson Education, 2008.

Hall, C.M.; Boyd, S. (eds) *Tourism and Nature-Based Tourism in Peripheral Areas*: Development or Disaster, Clevedon: Channel View Publications, 2005.

Hall, C.M.; Härkönen, T. *Lake tourism*: an introduction to lacustrine tourism systems. In C.M. Hall; T. Härkönen (eds), Lake Tourism: An Integrated Approach to Lacustrine Tourism Systems, pp. 3–26. Clevedon: Channel View Publications, 2006.

Hall, C.M.; Lew, A.A. (eds) *Sustainable Tourism Development*: A Geographical Perspective. London: Addison Wesley Longman, 1998.

Hall, C.M.; Müller, D. (eds) *Tourism,* Mobility and Second Homes: Between Elite Landscape and Common Ground. Clevedon: Channelview Publications, 2004.

Hall, C.M.; Page, S. (2006). *The Geography of Tourism and Recreation:* Place, Space and Environment, 3. ed. London: Routledge.

Hall, C.M.; Sharples, E. The consumption of experiences or the experience of consumption? An introduction to the tourism of taste. In C.M. Hall; E. Sharples; R. Mitchell; B. Cambourne; N. Macionis (eds), *Food Tourism Around the World*: Development, Management and Markets, pp. 1–24. Oxford: Butterworth-Heinemann, 2003.

Hall, C.M.; Weiler, B. What's so special about special interest tourism? In B. Weiler; C.M. Hall (eds), Special Interest *Tourism. London*: Belhaven Press, 1992.

Hall, D.; Brown, F. Tourism and Welfare: Ethics, *Responsibility and Sustained Well-Being.* Wallingford: CABI, 2006.

Hill, P. Tangibles, intangibles and services: a new taxonomy for the classification of output. *Canadian Journal of Economics* 32(2), 1999, pp. 426–446.

Hodgson, P. New tourism product development. Market research's role. *Tourism Management* 11(1), 1990, pp. 2–5.

Hunter, C. *Sustainable tourism and the touristic ecological footprint.* Environment, Development and Sustainability 4, 2002, pp. 7–20.

Ioannides, D.; Debbage, K.G. (eds) *The Economic Geography of the Tourist Industry.* A Supply Side Analysis. London: Routledge, 1998.

Israel Central Bureau of Statistics with Ministry of Tourism (Quarterly). *Tourism and Hotel Services Statistics Quarterly.* Jerusalém: ICBS.

Jessop, B. Capitalism and its future: remarks on regulation, government and governance. *Review of International Political Economy* 4(3), 1997, pp. 561–581.

Khan, M.M. Tourism development and dependency theory: mass tourism vs. ecotourism. *Annals of Tourism Research* 24(4), 1997, pp. 988–991.

Kotler, P. *Marketing Management*. The Millennium Edition. Upper Saddle River, NJ: Prentice Hall, 2000.

Kotler, P. *Principles of Marketing*, 2. ed. Frenchs Forest, New South Wales: Prentice Hall, 2003.

Kotler, P.; Bowen, J.; Makens, J. *Marketing for Hospitality and Tourism*, 4. ed. New Jersey: Prentice Hall, 2005.

Kotler, P.; Brown, L.; Adam, S.; Armstrong, G. Marketing, 6. ed. New Jersey: *Prentice Hall*, 2004.

Kotler, P.; Haider, D.H.; Rein, I. *Marketing Places*. New York: Free Press, 1993.

Krippendorf, J. Die Landschaftsfresser: *Tourismus und Erholungslandschaft*, Verderben oder Segen? Schönbühl, Switzerland: Hallwag, 1975.

Krippendorf, J. *The Holiday Makers:* Understanding the Impact of Leisure and Travel. Oxford: Heinemann Professional Publishing, 1987.

Leiper, N. *The framework of tourism*. Toward a definition of tourism, tourist and the tourism industry. Annals of Tourism Research 6, 1979, pp. 390–407.

Leiper, N. Partial industrialisation of tourism systems. *Annals of Tourism Research* 7, 1990, pp. 600–605.

Lew, A.; Hall, C.M.; Williams, A.M. (eds). *A Companion to Tourism*. Oxford: Blackwell, 2004.

Liu, Z. *Internet tourism marketing*: potential and constraints. Paper presented at the Fourth International Conference, Tourism in South East Asia and Indo China: Development, Marketing and Sustainability. Thailand: Chiang Mai, 2000.

Lovelock, C.; Gummesson E. Whither services marketing? In search of new paradigm and fresh perspectives. *Journal of Service Research* 7(1), 2004, pp. 20–41.

Malecki, E.J. Hard and soft networks for urban competitiveness. *Urban Studies* 39, 2002, pp. 929–945.

Malecki, E.J. Jockeying for position: what it means and why it matters to regional development policy when places compete. *Regional Studies* 38(9), 2004, pp. 1101–1120.

Marks, G.; Hooghe, M. Contrasting visions of multi-level governance. In I. Bache; M. Flinders (eds), Multi-level Governance. Oxford: *Oxford University Press*, 2004.

Mathieson, A.; Wall, G. *Tourism: Economic*, Physical and Social Impacts. London: Longman, 1982.

McKercher, B.; Chan, A. How special is special interest tourism? *Journal of Travel Re-*

search 44(1), 2005, pp. 21–31.

Metelka, C.J. *The Dictionary of Hospitality,* Travel and Tourism, 3. ed. Albany: Delmar Publishers, 1990.

Michael, E.J. *Micro-clusters and Networks:* The Growth of Tourism. Oxford: Elsevier, 2007.

Middleton, V.T.C. Marketing, destination. In J. Jafari (ed.), *Encyclopedia of Tourism*, pp. 378–379. London: Routledge, 2000.

Mill, R.C.; Morrison, A.M. *The Tourism System*: An Introductory Text. Englewood Cliffs: Prentice-Hall International, 1985.

Mills, M. *Providing space for time*: the impact of temporality on life course research. Time and Society 9(1), 91–127, 2000.

Mittleberg, D. *Strangers in Paradise*: The Israeli Kibbutz Experience. New Brunswick: Transaction Publishers, 1998.

Morgan, N.; Pritchard, A.; Pride, R. *Destination Branding Creating the Unique Destination Proposition,* 2. ed. Oxford: Elsevier, 2004.

Morrison, A.; Rimmington, M.; Williams, C. Entrepreneurship in the Hospitality, *Tourism and Leisure Industries*. Oxford: Butterworth Heinemann, 1999.

Morrison, A.M.; Anderson, D.J. *Destination branding*. Missouri Association of Convention and Visitor Bureaus Annual Meeting, Missouri, 2002.

Moutinho, L. *New product development*. In S.F. Witt; L. Moutinho (eds), Tourism Marketing and Management Handbook, pp. 350–353. Hemel Hempstead: Prentice Hall, 1994.

Mowforth, M.; Munt, I. Tourism and Sustainability: New Tourism in the Third World. London: Routledge, 1998.

Murphy, P.E. *Tourism*: A Community Approach. New York: Methuen, 1985.

Murphy, P.E.; Murphy, A.E. (2004). *Strategic Management for Tourism Communities*. Clevedon: Channel View Publications. New York: UNCTAD, 2004.

Nova Scotia *Tourism Partnership Council*. E-Marketing Strategy for Tourism. Nova Scotia: Nova Scotia Tourism Partnership Council, 2003.

Novelli, M. (ed.). *Niche Tourism:* Contemporary Issues, Trends and Cases. Oxford: Butterworth Heinemann, 2005.

O'Dell, T. *Experiencescapes:* blurring borders and testing connections. In T. O'Dell P. Billing (eds), Experiencescapes: Tourism, Culture and Economy, pp. 11–33. Copenhagen: Copenhagen Business School Press, 2005.

O'Reilly, A.M. *Tourism carrying capacity*: concept and issues. Tourism Management 7, 1986, pp. 254–258.

O'Sullivan, E.L.; Spangler, K.J. *Experience Marketing:* Strategies for the New Millennium.

Pennsylvania: Venture, 1998.

Panosso Netto, Alexandre; Trigo, Luiz Gonzaga Godoi. *Apostila para aulas na EACH-USP na disciplina Fundamentos do Turismo*, 2007.

Panosso Netto, Alexandre; Trigo, Luiz Gonzaga Godoi. *Cenários do turismo brasileiro.* São Paulo: Aleph, 2009.

Panosso Netto, Alexandre. In: Cecília Gaeta; Alexandre Panosso Netto (Orgs.), *Turismo de experiência.* São Paulo: Senac, 2010.

Panosso Netto, Alexandre. *O que é turismo?* São Paulo: Brasiliense, 2010.

Parker, B. *Globalisation and Business Practice.* Managing Across Boundaries. London: Sage, 1998.

Parker, S. Ecotourism, environmental policy and development. In D.L. Soden; B.S. Steel (eds), *Handbook of Global Environmental Policy and Administration*, pp. 315–345. New York: Marcel Dekker, 1999.

Pearce, D.G. *Alternative tourism*: concepts, classifications, and questions. In V.L. Smith; W.R. Eadington (eds), Tourism Alternatives: Potentials and Problems in the Development of Tourism, pp. 15–30. Philadelphia, PA: University of Pennsylvania Press, 1992.

Pearce, P. L.; Lee, U. Developing the travel career approach to tourist motivation. *Journal of Travel Research* 43(3), 2005, pp. 226–237.

Pearce, P.L. *Tourist Behaviour*: Themes and Conceptual Issues. Clevedon: Channelview Press, 2005.

Pennington-Gray, L.; Spreng, R. *Analyzing changing preferences for pleasure travel with cohort analysis.* Tourism Analysis 6(1), 2002, pp. 1–13.

Pennington-Gray, L.; Fridgen, J.D.; Stynes, D. *Cohort segmentation:* an application to tourism. Leisure Sciences 25, 2003, pp. 341–361.

Pforr, C. *Tourism policy in Australia's Northern Territory:* a policy process analysis of its tourism development masterplan. Current Issues in Tourism 4(2–4), 2001, pp. 275–307.

Phillips, D. *National pride,* missed connections. International Herald Tribune 11–12 June, 2005, pp. 13-15.

Pike, A.; Rodriguez-Pose, A.; Tomaney, J. *Local and Regional Development.* London: Routledge, 2006.

Pine, J.; Gilmore, J. *The Experience Economy:* Work is Theatre and Every Business a Stage. Boston, MA: Harvard Business School Press, 1999.

Plog, S.C. *Why destination areas rise and fall in popularity.* The Cornell Hotel and Restaurant Administration Quarterly 15(November), 1974, pp. 13–16.

Plog, S.C. *Why destination areas rise and fall in popularity*: an update of a Cornell Quarterly classic. Cornell Hotel and Restaurant Administration Quarterly 42(3), 2001, pp. 13–24.

Plog, S.C. The power of psychographics and the concept of venturesomeness. *Journal of Travel Research* 40(3), 2002, pp. 244–251.

Poon, A. *Tourism*, Technology and Competitive Strategies. Wallingford: CAB, 1993.

Poon, A. Global transformation: new tourism defined. In L. France (ed.), *The Earthscan Reader in Sustainable Tourism*, pp. 47–53. London: Earthscan Publications, 1997.

Plano Aquarela. Ministério do Turismo do Brasil, 2003.

Rhodes, R. *The new governance*: governing without government. Political Studies 44, 1996, pp. 652–667.

Rhodes, R.A.W. *Understanding Governance*: Policy Networks, Governance, Reflexivity and Accountability. Buckingham: Open University Press, 1997.

Richards, G. *Vacations and the quality of life*: patterns and structures. Journal of Business Research 44, 1999, pp. 189–198.

Riley, M.; Ladkin, A.; Szivas, E. *Tourism Employment*. Analysis and Planning. Clevedon: Channelview, 2002.

Ritchie, J.R.B; Goeldner C. (eds). Travel, *Tourism and Hospitality Research*: A Handbook for Managers and Researchers, 2. ed., pp. 65–80. New York: Wiley, 1994.

Ritchie, B.; Adair, D. *Sports Tourism*: Interrelationships, Impacts and Issues. Clevedon: Channel view Publications, 2004.

Ritchie, J.R.B. *Assessing the impact of hallmark events*: conceptual and research issues. Journal of Travel Research 23(1), 1984, pp. 2–11.

Ritchie, J.R.B. *Roles of research in tourism management*. In J.R.B. Ritchie; C.R. Goeldner (eds), Travel, Tourism and Hospitality Research. A Handbook for Managers and Researchers, pp. 13–21. New York: John Wiley, 1994.

Ritchie, J.R.B.; Ritchie J.R.R. *The branding of tourist destinations*. AIEST Conference, Morocco, 1998.

Rosa, J.A. and Spanjol, J.R. *Micro-level product market dynamics:* shared knowledge and its relationship to market development. Journal of the Academy of Marketing Science 33(2), 2005, pp. 197–216.

Rosa, J.A.; Porac, J.F.; Spanjol, J.R.; Saxon, M.S. Sociocognitive dynamics in a product market. *Journal of Marketing* 63(4), 1999, pp. 64–77.

Ruhanen, L. *Strategic planning for local tourism destinations:* an analysis of tourism plans. Tourism and Hospitality: Planning and Development 1(3), 2004, pp. 239–253.

Ryan, C. *Recreational Tourism*. Clevedon: Channel View Publications, 2003.

Sanovicz, Eduardo. Beni, Mário Carlos (orient). *A promoção comercial do turismo brasileiro no exterior o caso da reconstituição da Embratur.* São Paulo, 2007. 168 p. il.

Shaw, G. and Williams, A. *Tourism,* economic development and the role of entrepreneurial activity. In C.P. Cooper (ed.), Progress in Tourism, Recreation and hospitality Management, Vol. 2, pp. 67–81. London: Belhaven, 1990.

Shostack, G.L. Breaking free from product marketing. *Journal of Marketing* 41, 1977, pp. 73–80.

Singh, S.; Timothy, D.; Dowling, R.K. (eds) *Tourism in Destination Communities*. Wallingford: CAB International, 2003.

Smith, S.L.J. Defining tourism: a supply-side view. *Annals of Tourism Research* 15, 1988, pp. 179–190.

Smith, S.L.J. *Tourism Analysis*. A Handbook. Harlow: Longman, 1996.

Smith, S.L.J. *Tourism as an industry*. Debates and concepts. In D. Ioannides; K.G. Debbage (eds), The Economic Geography of the Tourist Industry. A Supply Side Analysis, pp. 31–52. London: Routledge, 1998.

Statistics Canada *Human Resource Module of the Tourism Satellite Account* 1997–2002. Ottawa, Ont.: Statistics Canada, 2006.

Stallibrass, C. *Seaside resorts and the hotel accommodation industry*. Progress in Planning 13, 1980, pp. 103–174.

Stamboulis, Y.; Skyannis, P. *Innovation strategies and technology for experience-based tourism*. Tourism Management 24, 2003, pp. 35–43.

Stebbins, R.A. *Amateurs, Professionals and Serious Leisure*. Montreal: McGill-Queens University Press, 1992.

Swarbrooke, J.; Horner, S. *Consumer Behaviour in Tourism*. Oxford: Elsevier Butterworth Heinemann, 2004.

Thomas, R. *The Management of Small Tourism and Hospitality Businesses*. London: Cassell, 1998.

Timothy, D.; Tosun, C. *Appropriate planning for tourism in destination communities:* participation, incremental growth and collaboration. In S. Singh; D. Timothy; R.K. Dowling (eds), Tourism in Destination Communities, pp. 181–204. Wallingford: CAB International, 2003.

Tobler, W.R. *A computer movie*. Economic Geography 46, 1970, pp. 234–240.

Tobler, W.R. *On the first law of geography:* a reply. Annals of the Association of American Geographers 94(2), 2004, pp. 304–310.

Treuren, G.; Lane, D. *The tourism planning process in the context of organized interests,* industry structures, state capacity, accumulation and sustainability. Current Issues in Tourism 6(1), 2003, pp. 1–22.

Trigo, Luiz Gonzaga Godoi. *Análises regionais e globais do turismo brasileiro*. São Paulo: Roca, 2005.

UNCTAD. *A Note on the 'Tourist Sector' in Guidelines for Tourism Statistics* 30, 1971.

UNWTO. *Destination Positioning*, Branding and Image Management. Addis Ababa: UNWTO, 2006.

Vargo, S.L.; Lusch, R.F. Evolving to a new dominant logic for marketing. *Journal of Marketing* 68 (January, 2004), pp. 1–17.

Vukonic, B. *Selective tourism growth:* targeted tourism destinations. In S. Wahab; J. Pigrim (eds), Tourism, Development and Growth: The Challenge of Sustainability, pp. 95–108. London: Routledge, 1997.

Wahab, S.; Cooper, C. *Tourism in the Age of Globalisation*. London: Routledge, 2001.

Ward, S.V. *Selling Places*. The Marketing and Promotion of Towns and Cities 1850–2000. London: E and F N Spon, 1998.

Warnes, A. *Migration and the life course*. In A. Champion; A. Fielding (eds), Migration Processes and Patterns, Vol. 1. Research Progress and Prospects, pp. 175–187. London: Belhaven, 1992.

Watson, J.L. (ed.) *Golden Arches East:* McDonald's in East Asia. Stanford, CA: Stanford University Press, 1997.

White, H. Where do markets come from? *The American Journal of Sociology* 87(3), 1981, pp. 517–547.

Williams, A.V.; Zelinsky, W. *On some patterns in international tourist flows*. Economic Geography 46(4), 1970; pp. 549–567.

World Commission on Environment and Development (WCED). *Our Common Future*. New York: Oxford University Press, 1987.

World Tourism Organization (WTO). *Tourism 2020 Vision*. Madrid: World Tourism Organization, 1997.

World Tourism Organization (WTO). *E-Business for Tourism*. Practical Guidelines for Destinations and Businesses. Madrid: WTO, 2001.

World Tourism Organization (WTO). *Tourism 2020 Vision – Global Forecasts and Profiles of Market Segments*. Madrid: WTO, 2001.

World Tourism Organization (WTO). *International Tourist Arrivals,* Tourism Market Trends, 2006 Edition – Annex. Madrid: WTO, 2006.

World Travel and Tourism Council (WTTC). *World Travel and Tourism*. Climbing to New Heights. The 2006 Travel and Tourism Economic Research. London: WTTC, 2006.

World Travel and Tourism Council (WTTC). *Viewpoint,* Fourth Quarter. London: WTTC, 2006a.

World Travel and Tourism Council (WTTC). *Open Mind,* Open World. Summit Highlights. London: WTTC, 2006b.

Zimmermann, E.W. *World Resources and Industries*, Revised edition. New York: Harper and Brothers, 1951.

Por favor, preencha o formulário abaixo e envie pelos correios ou acesse www.elsevier.com.br/cartaoresposta. Agradecemos sua colaboração.

Seu nome: _____

Sexo: ☐ Feminino ☐ Masculino   CPF: _____

Endereço: _____

E-mail: _____

Curso ou Profissão: _____

Ano/Período em que estuda: _____

Livro adquirido e autor: _____

Como conheceu o livro?

☐ Mala direta   ☐ E-mail da Campus/Elsevier
☐ Recomendação de amigo   ☐ Anúncio (onde?) _____
☐ Recomendação de professor
☐ Site (qual?) _____   ☐ Resenha em jornal, revista ou blog
☐ Evento (qual?) _____   ☐ Outros (quais?) _____

Onde costuma comprar livros?

☐ Internet. Quais sites? _____
☐ Livrarias ☐ Feiras e eventos ☐ Mala direta

☐ Quero receber informações e ofertas especiais sobre livros da Campus/Elsevier e Parceiros.

Siga-nos no twitter @CampusElsevier

Cartão Resposta
05012 0048-7/2003-DR/RJ
Elsevier Editora Ltda
CORREIOS

ELSEVIER

SAC | 0800 026 53 40
ELSEVIER | sac@elsevier.com.br

CARTÃO RESPOSTA
Não é necessário selar

O SELO SERÁ PAGO POR
Elsevier Editora Ltda

20299-999 - Rio de Janeiro - RJ

Qual(is) o(s) conteúdo(s) de seu interesse?

Concursos
- [ ] Administração Pública e Orçamento
- [ ] Arquivologia
- [ ] Atualidades
- [ ] Ciências Exatas
- [ ] Contabilidade
- [ ] Direito e Legislação
- [ ] Economia
- [ ] Educação Física
- [ ] Engenharia
- [ ] Física
- [ ] Gestão de Pessoas
- [ ] Informática
- [ ] Língua Portuguesa
- [ ] Línguas Estrangeiras
- [ ] Saúde
- [ ] Sistema Financeiro e Bancário
- [ ] Técnicas de Estudo e Motivação
- [ ] Todas as Áreas
- [ ] Outros (quais?):

Educação & Referência
- [ ] Comportamento
- [ ] Desenvolvimento Sustentável
- [ ] Dicionários e Enciclopédias
- [ ] Divulgação Científica
- [ ] Educação Familiar
- [ ] Finanças Pessoais
- [ ] Idiomas
- [ ] Interesse Geral
- [ ] Motivação
- [ ] Qualidade de Vida
- [ ] Sociedade e Política

Jurídicos
- [ ] Direito e Processo do Trabalho/Previdenciário
- [ ] Direito Processual Civil
- [ ] Direito e Processo Penal
- [ ] Direito Administrativo
- [ ] Direito Constitucional
- [ ] Direito Civil
- [ ] Direito Empresarial
- [ ] Direito Econômico e Concorrencial
- [ ] Direito do Consumidor
- [ ] Linguagem Jurídica/Argumentação/Monografia
- [ ] Direito Ambiental
- [ ] Filosofia e Teoria do Direito/Ética
- [ ] Direito Internacional
- [ ] História e Introdução ao Direito
- [ ] Sociologia Jurídica
- [ ] Todas as Áreas

Media Technology
- [ ] Animação e Computação Gráfica
- [ ] Áudio
- [ ] Filme e Vídeo
- [ ] Fotografia
- [ ] Jogos
- [ ] Multimídia e Web

Negócios
- [ ] Administração/Gestão Empresarial
- [ ] Biografias
- [ ] Carreira e Liderança Empresariais
- [ ] E-business
- [ ] Estratégia
- [ ] Light Business
- [ ] Marketing/Vendas
- [ ] RH/Gestão de Pessoas
- [ ] Tecnologia

Universitários
- [ ] Administração
- [ ] Ciências Políticas
- [ ] Computação
- [ ] Comunicação
- [ ] Economia
- [ ] Engenharia
- [ ] Estatística
- [ ] Finanças
- [ ] Física
- [ ] História
- [ ] Psicologia
- [ ] Relações Internacionais
- [ ] Turismo

Áreas da Saúde
- [ ]

Outras áreas (quais?): _____

Tem algum comentário sobre este livro que deseja compartilhar conosco? _____

Atenção:

Sistema CTcP,
impressão e acabamento
executados no parque gráfico da
Editora Santuário
www.editorasantuario.com.br - Aparecida-SP